主　编　徐耀新　　副主编　刘谨胜

精彩江苏 | Wonderful Jiangsu |
历史文化名城名镇名村系列

名镇

荡口镇

江苏人民出版社

图书在版编目（CIP）数据

历史文化名城名镇名村系列. 荡口镇 / 徐耀新主编
. -- 南京 : 江苏人民出版社, 2018.9
（“精彩江苏”丛书）
ISBN 978-7-214-22703-4

Ⅰ. ①历… Ⅱ. ①徐… Ⅲ. ①乡镇 – 介绍 – 无锡
Ⅳ. ①K925.3

中国版本图书馆CIP数据核字（2018）第234874号

书　　名	历史文化名城名镇名村系列・荡口镇
主　　编	徐耀新
策划编辑	戴宁宁
责任编辑	李兴梅
装帧设计	刘葶葶
出版发行	江苏人民出版社
出版社地址	南京市湖南路1号A楼，邮编：210009
出版社网址	http://www.jspph.com
照　　排	江苏凤凰制版有限公司
印　　刷	江苏凤凰新华印务有限公司
开　　本	889毫米 × 1 194毫米　1/32
印　　张	5　插页　2
字　　数	81千字
版　　次	2019年1月第1版　2019年1月第1次印刷
标准书号	ISBN 978-7-214-22703-4
定　　价	42.00元

“精彩江苏”丛书总编委会

本书撰稿：邹　炜　蒋　凯

“精彩江苏”丛书总序

江苏省省长　吴政隆

中华文化源远流长，在5000多年文明发展中孕育的优秀传统文化，在党和人民伟大斗争中孕育的革命文化和社会主义先进文化，积淀着中华民族最深层的精神追求，代表着中华民族独特的精神标识。

江苏是中华文明的重要发祥地之一，在这片美丽富饶的土地上，黄河文明和长江文明交汇融合，自然景观与人文景观交相辉映，孕育了具有鲜明特色的地域文化。无论是诸多自然景观还是各类古迹遗存，都散发着浓郁的文化气息，承载着厚重的文化记忆。纵观楚汉文化、吴文化、金陵文化、淮扬文化以及京口文化、江海文化、海盐文化，无一不因精彩而得以世代传承，无一不是我们讲好江苏故事的生动素材。

江苏多出文化精品。在悠久的历史文化长河中，创造了南京云锦、宜兴紫砂、扬州漆器、苏州刺绣、惠山泥人、江南丝竹等享誉海内外的艺术精品和精湛技艺。源于江苏的中国最古老剧种——昆曲，已有600多年历史，集诗、乐、歌、舞、戏之美于一身，被誉为“百戏之祖”。目前，我省共有10个项目入选联合国教科文组织人类非物质文化遗产代表作名录，146个项目入选国家级非物质文化遗产名录，这些都是人类文化的共同财富。

江苏多产文化名家。历史上名人辈出、名篇纷呈，孙武的《孙子兵法》、枚乘的《七发》、刘义庆的《世说新语》、刘勰的《文心雕龙》、施耐庵的《水浒传》、吴承恩的《西游记》、冯梦龙的“三言”、曹雪芹的《红楼梦》、刘鹗的《老残游记》等众多鸿篇巨著均在中华文化典藏中熠熠生辉，吴门画派、金陵画派、扬州画派及上世纪60年代形成的新金陵画派各呈风神，顾恺之、张旭、沈周、龚贤、郑板桥等古代书画家，以及徐悲鸿、刘海粟、陈之佛、李可染、傅抱石、林散之等现当代书画家均享誉世界。

江苏多有文化遗存。拥有世界文化遗产3处、全国重点文物保护单位226处、各级各类博物馆292家，不可移动文物超过2万处，国有可移动文物近百万件（套）。拥有国家历史文化名城13座，大运河江苏段是沿线文化遗产最密集、类型最丰富的河段。江苏还有着丰富的红色文化资源，很多革命先辈在这里留下战斗的足迹，形成了雨花英烈精神、铁军精神等具有江苏特色的红色文化品牌。

党的十九大报告指出，文化兴国运兴，文化强民族强。没有高度的文化自信，没有文化的繁荣兴盛，就没有中华民族伟大复兴。江苏优秀传统文化是我们世代传承的文化根脉、文化基因，不仅铸就了历史的辉煌，而且在今天仍然闪耀着时代的光芒，是我们坚定文化自信的深厚基础。我们要以习近平新时代中国特色社会主义思想为指引，深入挖掘优秀传统文化蕴含的思想观念、人文精神、道德规范，进一步坚定文化自信，推动社会主义文化繁荣兴盛。

省文化厅组织编写“精彩江苏”丛书，内容涵盖历史文化名城名镇名村、地方戏曲、书画艺术、红色文化等多个方面，是江苏优秀传统文化的集中展示，也是延展千年文脉、推动文化建设、凝聚精神力量的创新实践。希望“精彩江苏”丛书高水平讲好江苏故事，让小小“口袋书”发挥大作用，让一代一代江苏人更好地品味缕缕书香、延续文化记忆，让江苏的历史遗存和传统文化在新时代绽放新的精彩，为书写新时代中国特色社会主义伟大事业江苏新篇章提供强大精神动力和文化支撑。

留住“乡愁”

——“历史文化名城名镇名村系列”序

徐耀新

“举头望明月，低头思故乡”；“露从今夜白，月是故乡明”。李、杜的这两句千古名诗，表达了中国人的乡愁情结。乡愁是对故乡永远的思念和情愫，是割不断的文化记忆。习近平总书记在2013年中央城镇化工作会议上指出，要让人“望得见山、看得见水、记得住乡愁”，这一重要论述指明了在城镇化历史巨变中要努力留住“乡愁”的方向。历史文化名城名镇名村承载着厚重的历史记忆，传承着丰富的文化传统，彰显着浓郁的地域文化，是“乡愁”的重要载体。

作为华夏长江文化的发祥地之一，江苏孕育并保存了一批特色鲜明、底蕴深厚的历史文化名城名镇名村，它们的历史和特征可概括为如下几点：

数量领先。江苏现有50个国家级历史文化名城名镇名村，总量位居全国各省（区、市）前列。2016年，高邮市被国务院列为国家历史文化名城，成为我省第13个、全国第130个国家历史文化名城，江苏数量位居全国第一。目前，全省拥有中国历史文化名镇27个，中国历史文化名村10个，有省级历史文化名城4个、名镇13个、名村8个。

文化多元。从地域上来看，江苏历史文化总体上南秀北雄、吴楚分明，使江苏历史文化名城名镇名村呈现出文化的多样性。例如：国家历史文化名城苏州是吴文化的中心城市，其文化特质是上善若水、柔中蓄劲、人巧天工，赋予了中华儿女"杏花春雨江南"的家园情怀；国家历史文化名城徐州是楚汉文化的中心城市，其文化特质则迥异于苏州，表现为刚强雄浑、尚武崇文、勇于竞争。

风貌各异。江苏境内山水平原交错，河流湖泊纵横，临水建城，倚山建乡，数千年的文化积淀形成了独特的古城古镇古村风貌。"君到姑苏见，人家尽枕河。古宫闲地少，水港小桥多。"苏州至今仍保留着"水陆并行、河街相邻"的格局风貌。"尽道隋亡为此河，至今千里赖通波"，京杭大运河流经我省8座国家历史文化名城、19座中国历史文化名镇、7座中国历史文化名村，沿线人口稠密、城镇密集、经济繁荣、文化昌盛，有着独特的自然人文景观。苏州的古典园林、镇江的宋元古街、扬州的明清老巷、泰州的明清民居等令人驻足，留连忘返。

类型多样。江苏的历史文化名城大致可分为五种类型：古都型（南京）、传统风貌型（苏州）、风景名胜型（无锡、扬州、镇江、常熟）、一般史迹型（徐州、常州）、近代史迹型（南通）、特殊职能型（淮安、泰州、宜兴、高邮）；名镇名村也可分为五种类型：乡土民俗型（周庄、淳溪等）、传统文化型（溱潼、凤凰等）、革命历史型（黄桥、沙家浜等）、商贸交通型（孟河、礼社等）、名人故里型（陆巷等）。

保护好江苏历史文化名城名镇名村的特色，延续好江苏历史文化名城名镇名村的传统格局和历史风貌，就能为我们的家园情怀留下栖息之所。只有留住“乡愁”，才能“记得住乡愁”。江苏省第十三次党代会把推进新型城镇化和城乡发展一体化作为经济转型升级的重要内容，明确要求大力保护历史文化名城名镇名村。保护和利用好江苏历史文化名城名镇名村，最重要的是传承历史文化、保持自身特色，防止千城一面、千篇一律，杜绝盲目破坏性开发建设。要加强历史文化名城名镇名村传统文化的挖掘和整理，提炼传统文化符号；尊重历史文化名城名镇名村中人与环境、人与自然和谐相处的生产生活方式；充分发掘传统艺术、传统民俗、人文典故、地域风情等非物质文化资源，彰显城乡传统建筑、城镇历史街区和乡村农耕水利、生态环境的独特魅力。

编撰“精彩江苏”丛书之“历史文化名城名镇名村系列”，是提炼江苏历史文化符号的切实举措，是创新开展江苏历史文化资源研究的具体实践，对于充分展示江苏地方特色文化、打造“精彩江苏”文化品牌具有重要意义。本系列共50本，涵盖我省50座国家级历史文化名城名镇名村，兼具文学性与史学性，展现了江苏历史演变中岁月累积的文化智慧与古物风貌，彰显了江苏人民的文化自信与自觉。丛书采用“口袋本”的形式，深入浅出，图文并茂，装帧精美，便携易读。

期待通过丛书的传播与利用，进一步宣传好、保护好、开发好江苏历史文化名城名镇名村，激发江苏人民群众爱国爱乡情怀，让江苏优秀传统文化永续传承、焕发新春！

2017年秋于南京

（本序作者系江苏省文化厅党组书记、厅长，博士、教授）

目录

引言

荡口古镇，位于无锡市东隅，地处无锡、苏州、常熟三地交界。距苏南国际机场、京沪高铁无锡站、沪宁高速公路仅十余公里，紧临锡张高速公路入口，锡太一级公路穿境而过。

古镇地处鹅湖之西，是鹅真荡的口岸，故名“荡口”，古时又名“丁舍”，相传是东汉孝子丁兰故里。镇内居民以华氏居多，孝义之风盛行；物华天宝、崇文重教、精英荟萃、繁华富庶，被称为“江南粮赋第一乡”，荡口文化名闻遐迩。而今，荡口为无锡市五个重点保护的历史文化街区（名镇）之一，被评为“中国最美村镇”“中国历史文化名镇”，也是目前无锡市唯一的国家级历史文化名镇。

第一章
悠悠荡口人文兴

3000年前，泰伯开凿的江南第一条运河伯渎河，自无锡城南门外向东南蜿蜒40余里，注入一片秀色怡人、似通灵宝玉的水域，这便是“鹅湖”。清代诗人杜汉阶在《竹枝词》中赞叹：“东南巨浸首鹅湖，绝妙烟波万叠图。云外青山遥映带，风光得似邑西无。”据元代王仁甫《无锡县志》记载，鹅湖古称“濠湖”，形似鹅肫,吴侬软语里“肫”“真”同音，故俗称“鹅真荡”。鹅湖南接太湖，北贯长江，西承锡东诸水，东邻苏州市界。荡口古镇便位于鹅湖西口岸，这个风光秀丽的水镇，也是一个历史悠久的古镇，像一艘满载着文化珍品的宝船，在烟波浩渺的鹅湖上慢慢荡漾，在源远流长的历史中静静流淌……

第一节　江南水乡　人文兴盛

荡口在元、明、清时先后属延祥乡和南延乡。王仁甫《无锡县志》称："延祥在州（无锡）东七十里，南垂庆，北常熟州宛山荡，东常熟州界，西上福乡界。"

商晚期，泰伯奔吴，定居梅里一带，筑城勾吴，促进中原文明与江南土著文明的融汇。吴文化发祥地梅里，其广义的地域范围，包括荡口在内的无锡东南部地区及现苏州市部分地区。泰伯带领先民开挖的江南第一条运河伯渎河沟通鹅湖，对荡口的发展起到了一定的促进作用。而自明初华氏家族一支迁居以来，几百年间，荡口由一个不知名的湖荡小村落，崛起发展成了四方闻名、经济繁荣的水码头、鱼米之乡、文化实业并重之镇。

明代中期，荡口所在的南延乡发展成了江南缴纳粮赋第一乡。

荡口的兴盛史，几乎就是荡口华氏家族的发展史。明代翰林学士华察曾言其家族渊源："我华氏之望于锡也，自孝子始；望于隆亭也，自三一（华原泉）始；望于荡口也，自贞固始。"华宝、华原泉、华贞固被荡口华氏家族并称"三祖"（图1）。

明弘治年间，华燧首创金属活字印刷，质量远胜前人，影响广远。

明代中期，荡口出了个朝野闻名的翰林学士华察（民间俗称华太师）。他在朝政绩卓著、为官清正，中年急流勇退。辞官还乡后广行善举，倡建本镇第一个义田、协助官府筑城抗倭、丈田清粮、捐建桥梁……为荡口的持续发展起了非常重要的作用。

图1　华孝子祠

清代中后期，荡口步入兴盛期。市镇集居近万人，气宇轩昂的建筑、热闹繁华的街道、数以百计的店铺……店内陈列着丰富的特产，有遐迩闻名的银鱼、冰油、虾子酱油、菱芡、年糕、酱炙肉，还有本地盛产的稻米、桑麻和曾经当作贡品的缣布等。每逢节日和庙会，镇上更是热闹非凡，龙船龙灯、丝竹评弹等民俗文化艺术大放异彩。

民国初年至抗战前夕，荡口被人称作“银荡口”“小苏州”，更有“无锡小上海，荡口小无锡”之说。镇上商贾云集，百业兴旺，成为往来于苏州、上海等大中城市的粮食集散地和苏锡虞之间的一大商业码头。

这一时期荡口的繁荣，与实业家华绎之密不可分。华绎之在发展工商业、仓储业、农副业和教育业上都很有建树，为推进荡口近代化作出了突出贡献。

荡口文化植根于古吴文化，经过上百代人薪火相传、激浊扬清，吴文化在荡口发扬光大并逐步形成了荡口自己的特色。

荡口是典型的江南水乡。当时的荡口，千余户人家、上百家店铺，全都枕水而居、依水而眠。每天清早霞光初照，鸡鸣声此起彼伏，吴歌声婉转悠扬。河上形态各异的桥，则是人水和谐的见证。有了桥，小镇水畅其流、人畅其行，人水相安、相得益彰。而比桥更多、与水贴得更紧的，是船，船是荡口人治水修桥、积肥清淤、走亲访友，须臾不可或缺的必需品。

拥有耕地2.57万亩的鱼米之乡荡口，水面1万多亩。除鹅湖外，境内还有南青荡、苏舍荡、蔡湾荡、白米荡、嘉菱荡等多个湖荡。这里气候宜人，物产丰富，自古盛产稻米、桑麻、银鱼、菱芡等农副产品，近年来葡萄、水蜜桃、鲢鳙鱼等成为无锡市名牌产品，“甘露青鱼”更是声名鹊起，成为江苏省名牌产品。

秀丽的鹅湖孕育了历史名镇，荡口除了星辰般涌现的名人，至今还留存有众多文物古迹，现有4个（11处）省级文保单位，11个市级文保单位。历经数年保护开发，一个集旅游、休闲、观光、度假为一体的江南水乡古镇荡口，已面向社会开放，并成功跻身“国家AAAA”景区行列（图2），先后获“无锡市级特色街区”“2015中国最美村镇·榜样奖”等荣誉。

图2　4A证书

第二节　以孝立本　礼义传家

荡口华氏是晋朝孝子华宝的后裔。据《四库全书》和南宋《咸淳毗陵志》记载，华宝八岁那年，其父华豪奉命戍守长安，临行时对华宝说：“须我还，当为汝上头。”后长安沦陷，华豪没再回来。华宝谨记父亲嘱咐，终身不冠不娶，以弟华宽之子华悫为嗣子。南齐建元三年（481），齐高帝萧道成赐“孝子”额。华宝死后，后人在他生前所居华陵宅地上建华孝子祠，至今犹存。华宝成了华氏家族的精神之祖，其忠孝遗风影响了无数后人。

北、南宋之交，在开封为官的华原泉护驾南迁，定居于无锡东郊隆亭（今锡山东亭）,是为华氏第二祖，传至五世，得子孙“十通五奇”十五个支派。

图3　华幼武

元朝末年，华宝后裔幼武（图3）在隆亭堠阳建春草轩奉母。华幼武母亲陈明淑是延祥乡（今荡口一带）人，28岁丧夫，独自挑起家庭重担。因其“既节且贤”，受到皇帝嘉奖。

《华氏宗谱》记载：岁癸巳家毁于火，处士适在郊，闻之亟问母安否，即驰骑归，见母无恙，心始释然，他不问也。其后仍构贞节堂、春草轩以奉养，时母年已七十矣。

这是现存史料中所见到的构建春草轩的第一次确凿记载。“仍”字说明当时春草轩已非初建。据推断，华幼武第一次建春草轩应是在元朝至正二年（1342）其母陈氏受褒奖后不久，众多名人为之作铭记诗词也当在这一时期。元朝至正十四年（1354）重构春草轩后不久，国家便陷入战乱。

关于贞节堂，元末翰林学士张翥《春草轩记》中记载：

惟幼武每痛先人之早世，其嗣续几绝。微（无）夫人将无以至于今休，乃构堂曰贞节，轩曰春草。则夫人居之，轩则幼武奉亲之所周旋也。于是，翰林黄公晋卿为铭于堂；故谓是轩不可以无记，来请予文。

华幼武有《春草轩对月诗》曰：

昔年阿母宴秋期，满地溶溶月色迟。
今夕光辉徒有泪，一天风露不胜悲。
良辰荏苒思无极，瘦影伶仃舞向谁？
梦出桂花穷碧落，声容仿佛在瑶池。

除张翥外，当时的政界和文坛著名人士段天佑、杨维桢、周伯琦、贡师泰等人都曾为春草轩吟诗作词，一时传为佳话。

《泰伯梅里志》记载：“春草轩，载邑志，在隆亭，为元华幼武奉母之所。”该志中注明：“元季毁于兵，其裔孙别筑于鹅湖之通源桥，今亦圮。”

华贞固奉父幼武之命迁居荡口后，也建有春草轩奉养老母，被刘黻称作“春草第二轩”。元朝末年首建，荡口子孙重建，无锡乃至全国独一无二的春草轩，是荡口华氏六百年如一日崇尚孝德的见证，也是先贤留给荡口的一份宝贵历史文化遗产。

华贞固（1341—1397），名悰韡，字公恺，号贞固，荡口华氏始迁祖。荡口华氏兴盛的基础，正是由他奠定。

明洪武年间，朝廷下诏征“孝廉通经儒士”，郡邑举荐华贞固，贞固坚辞不受。洪武八年（1375）幼武去世，贞固因之自责未能很好地奉养父亲终老而抱恨。在他留存的为数不多的诗作中，最为感人的就是写他梦见先父的情景。其《梦视先公》诗云：

一绝趋庭二十年，年年春到倍凄然。
光阴有限恩何极，报答无由岁屡迁。
梦里音容浑似昔，人间故旧不如前。
觉来犹记承欢处，涕泪交流落枕边。

荡口华氏，承孝子遗风，忠厚持家、克勤进取……从贞固起开始修家谱立家训、序长幼睦宗族。华贞固作为培育家族文化的核心人物，著有《虑得集》贻训子孙。

华宝事父一言六十年不替，华幼武事母至孝放弃功名，华贞固为父守孝哀苦悲戚。贞固儿子兴叔，勤于力田、乐善好施；贞固孙子华祯，明弘治年间出粟赈民，受朝廷嘉奖；贞固后代华炯，虽有其父遗财巨万，却以散财为乐，助边赈饥、捐衣施药，其门如市；会通君华燧，为民代税，发粟助民，以救水灾。这些人事载入家谱，不为受到朝廷嘉奖、光宗耀祖，只为告诉子孙后代，积德行善，是带给自身荣耀并惠及家族后代的本根。

华贞固于明洪武三年（1370）带领家人迁居鹅湖（荡口），略以经营田产而创立基业。虽然华氏从宋代南渡以来世代以农田为业，荡口华氏也是以垦荒起家，但是华贞固终生勉力为之的事，是“使吾周旋诗书，以礼义之习维持宗族，俾子孙躬耕食力”，因之华氏一族中，读书种子始终不绝。明清两代，荡口华氏一族进士及第者众多，书香克继，风雅代承。

华贞固去世二百年后，裔孙立始迁祖祠以感念其功德。华允谊在《鹅湖始迁祖祠述》中深有感触地说：“惟礼可以范人，而维持之以永无坠也。木有本，水有源，胥于是举也。”

华贞固去世五百年后，荡口出了一位毕生乐善不倦的儒商，名鸿模，晚号子随。国学大师唐文治在《华子随先生传》中盛赞鸿模数十年如一日在乡里广行善举，并追根溯源说：“先生之善行，盖莫非本于孝弟而然。”

探根溯源，荡口华氏之所以数百年长盛不衰，与其奉行孝德之道分不开。荡口华氏自贞固始，一代又一代，既积财，又积德，正如贞固所寄望的那样：后世绵远，前途无量，终致成为无锡地区世世兴盛的一大名门望族。

第三节　赡族济贫　义薄云天

老吾老以及人之老，幼吾幼以及人之幼。推己及人，由孝文化延伸而出的义文化，是荡口古镇数百年长盛不衰的秘诀。义庄和义学，在赡族济贫、慈善解困等方面发挥了无可替代的作用，真可谓造福众生，功德无量，在古镇文化史上树起了一座崇尚义德的丰碑。

一、义庄

义庄是我国古代家族发展史上的一大创举。历史上出现的第一个义庄是北宋名臣范仲淹首创的苏州范氏义庄。宋元时期是义庄的开创期，但直到明朝中后期及清朝末年，义庄的兴建才遍及全国，苏州、常州、松江三府尤盛，先后涌现出一定规模的义庄数百家。其中可与苏州范氏义庄媲美的就是荡口华氏义庄（图4），其存续时间之长，规模之大，影响之广，世所罕见。

图4　华氏老义庄旧貌

荡口义庄最早可溯源到明代前期华仲谆置设的“义仓”。据《华氏宗谱》记载，华贞固次子兴叔（字仲谆）勤于务农致富后，建桥筑堤，减租惠佃，广行善举，“又割上田数百亩置义仓赈荒”。义仓是为赈灾救荒，专设义田则可更为专门地为宗族服务。义田收益，除了供祭祖、修族谱等开销外，主要用以救济贫困族人。

明代中叶，翰林学士华察在荡口创设役田（按徭役情况捐赠的义田）。当时朝政腐败，民生凋敝。历任户部主事、兵部郎中等职的华察，于嘉靖二十四年（1545）辞官归里。在他六十寿诞那年，将家中一半良田分给贫困佃户，并焚契废租，以示永不收回。与此同时，华察召集族中长辈和富裕人家商议，倡议并出资设立义田，以解决族内鳏寡孤独及其他贫困人家的生活救助和子弟求学难题。华察兄弟带头捐田800亩，全族一举募田2400亩。

图5　华氏役田记

同一时期，华察的族弟、刑

部侍郎华云也因不满严嵩擅政而辞官还乡。他凭借父亲华麟祥奠定的经济基础，捐田1000多亩，在无锡南门外建立义庄。华察创设的义田与华云创设的义庄相映生辉，为周边乡镇他姓宗族所效仿，使得义田、义庄的创设在无锡东部地区渐成时尚。

华察创设役田的事，得到名士王世贞的大力推崇，他为此写下《延祥乡役田记》（图5），记录设立役田的过程：

公故延祥人，乃叹曰：奈何以吾宦达，食吾乡丰而瘠其余哉！乃倡为役田，家及役者出百亩之三亩，不及役者五亩……于是公之兄弟当出田共八百亩以先，诸华通出田二千四百亩，得米若干石、麦若干石，以岁助虚粮及收运之费，长赋者稍稍宽矣。

清乾隆十年（1745），华进思、华公弼父子置义田1340亩建义庄于荡口其宅邸右，俗称老义庄。朝廷嘉奖，授以华进思休宁县丞之职。其后华氏子孙不断续捐，至清末，老义庄义田总数逾7000亩。

无论是规模还是占有耕地比例，荡口华氏老义庄在苏南地区都是独占鳌头的（图6）。

清朝晚期，面对贫困户急剧增加，老义庄已难维持合族需求的现状，年届花甲的华清莲（字芬远）立下遗命，让四个儿子建新义庄以解老义庄之困。

图6　华氏义庄

华清莲长子华存恭，毕生作苦，仰承先父遗志，偕同其弟存宽、存信、存吉，置良田千亩，创华芬义庄（新义庄）以赡族济贫。后续置义田700余亩，又附入祭田170亩，新义庄初具规模。

华清莲次子华存宽，除了与兄弟们一起捐田创建新义庄外，还偕同其弟存吉捐置无锡城里的兴仁堆栈一所，以每年利息资助义庄，改变了老义庄单纯依靠田租收入的情形，使济助资金更有保障。

华存宽之妻钱淑人，亦是素性仁慈，晚年罄平生节缩之资，命置义田赡贫。她还独辟蹊径，捐置"广辅田"，专门救助异姓无义庄之助的四穷。

图7　华鸿模

华清莲之孙、华存宽之子、同治举人华鸿模（图7），继承先父遗志，创建怀芬文社，设立蒙养讲习会，栽培里中童蒙。后改设果育学堂，捐置无锡城里宏仁堆栈一所，以租息抵常年经费。又捐置田租 500石，以恤寒济贫赈灾。

华鸿模孙华绎之，继祖父之后大力发展新义庄，使之成为江南地区实力最为雄厚的义庄。

荡口华氏义庄有周密的规章制度。如新义庄有《议约十八则》《规条十二则》，既阐明了办庄宗旨和管理体制，又明确了实施办法。

在华氏一族的带动下，清朝末年，荡口掀起了创办义庄的热潮。

图8　华文奎

华锦远（文奎）（图8）捐田300亩创办襄义庄（图9），华应斋捐田500亩创办春义庄，华氏义庄增至5所。其他大族如徐氏、殷氏也相继建立义庄，全镇义庄达到七所，盛况空前。

图9　华氏襄义庄

二、义学

荡口崇教家风世代相传，这向学之风的重要表现便是兴办义学，创办书院。荡口的义学，特别是清末明初华氏创办的新学，免费教育延及周边乡镇，选天下英才而育之，为当时无锡的教育事业作出了巨大贡献。

荡口各义庄或祠堂义田中，都专设“义学田”，收入专门用来“立义塾，训蒙童”。义学是义庄的重要组成部分，助学是义庄建立的第二大宗旨。当时华氏老义庄有学田100多亩，新义庄有学田600多亩，永义庄有学田 100亩，其他各庄都有大小不等的学田。三公祠也有学田36亩。这些学田，为荡口义学的兴起和发展提供了物质条件。各义庄明文规定，学田收入必须用于教育，不得移作他用。

荡口学海书院是清代无锡地区最著名的书院之一，其文社每月一次的会课制度独具特色且成效显著。书院位于华察所建三公祠内，“画阁高耸青云端，日色照耀窗牖丹。三百余年一乡校，讲学肄业成文坛。”三公祠墙上这首题为《学海书院》的诗词，可窥当年书院之盛况。

从清朝前期到民国年间，荡口义学为推广基础教育和培养优秀人才作出了突出贡献，造就了荡口古镇数百年桃李芬芳、英才辈出的奇观。

清朝末年，废科举、兴新学成为时代潮流。

荡口尽管地处偏远，但在这场教育大变革的浪潮中却始终站在潮头，其旧学性质的义学开始了它的转型。

光绪三十年（1904），华鸿模在耕余书塾（即华氏祠堂的怀芬书屋）原址创办私立果育两等学堂（图10），分初、高两个等级各四年。学生免费入学，学习内容除诸子百家经典著作外，增加了自然科学、体操、音乐等课程。学堂每年会试一次，以测定成绩确定培养方向（图11）。

图10 果育鸿模学校

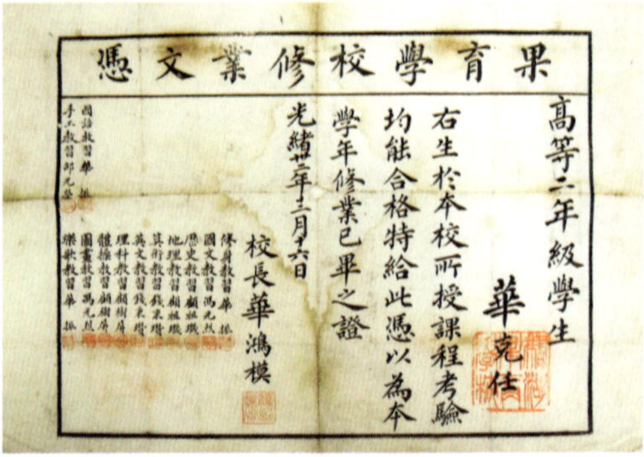

果育學校修業文憑

高等二年級學生 華克任

右生於本校所授課程考驗均能合格特給此憑以為本學年修業已畢之證

光緒卅二年三月十六日

校長華鴻模

图11 果育学校修业文凭

宣统三年（1911），华鸿模病逝，其孙华绎之继承发扬祖父的办学精神，把果育学堂改为鸿模高等小学，施教区遍及无锡县及江阴、常熟、吴县的城乡地区。学生照例免缴学杂费用，学校还为远道学生免费提供住宿，并设立奖学金制度，鼓励贫困生好学上进。每学期考试合格者，凭成绩单领取下学期学杂费用，清寒勤学的学生还可领到生活补贴。华氏子孙出国留学，学校提供全部费用。毕业生中获第一、二名者，由学校提供更高一级学校的学杂费，甚至包括高中、大学及出国留学的费用。

华绎之还捐巨资从日本购进理化实验仪器、教学图片、动植物和矿物标本，连当时十分昂贵的铝、钠、镁等化学物品也都配置齐全。还有各类体育和音乐用具，种类齐全、数量充足。这对当时的乡村小学来说，亦属全国罕见。

学校的师资更为出类拔萃，大都是名重一时的学者。如国文教师顾子重，精通历史舆地之学，学贯古今；校长顾建伯是日本东京大学毕业生，兼任数理化教师；国文兼唱歌、美术教师华振（倩朔），从日本应庆大学毕业，是同盟会会员；著名音乐家刘天华任音乐教师；圣约翰大学毕业生梅以斋任学监……

果育鸿模学校的教师队伍中，国学大师钱穆极具代表性，他和兄长钱挚（钱伟长父亲），既受惠于果育，又反哺于鸿模。钱穆在荡口受到了良好的基础教育，辛亥革命后，他又回到荡口担任高级班的国文、史地等课程。在兼任梅村县立第四高等小学教师时，钱穆时常坐船往返两地。江南水乡，湖泊连绵，钱穆坐在船上，经常手执一书，清风徐徐中上下千古，恍如目前。

1947年，华绎之与族人会商，将华氏学海书院88亩田产过户给学校，作为办学基金，学校更名为“学海中学”，华绎之任校董会董事长，负责筹措办学经费。1956年，学校转为公办，更名为“荡口中学”，两年后增设高中部，成为原无锡县12所“老完中（完全中学）”之一。义学转型，成功实现了由传统私塾向现代教育的衔接过渡。

第二章

文化遗存遍古镇

荡口就像一座历史文化博物馆，拥有众多列为江苏省和无锡市文物保护单位的建筑。华氏义庄，华氏始迁祖祠，华蘅芳、华世芳故居，三公祠，植福庵，果育鸿模小学旧址等，都有很高的知名度和文物价值。

第一节　古迹钩沉

岁月变迁，多少历史古迹早已湮没于时间长河之中。进士第、真赏斋、春草轩、水月庵、花笑亭……一个个熟悉而又陌生的名字，记录的是一段段传奇岁月的故事。这些古迹，曾经代表着荡口悠久而绵长的历史。

进士第

荡口五星路北侧，有一条小巷叫“牌楼墙

门”，牌楼墙门内，有一座古宅叫“进士第”。古宅建于明嘉靖年间，现遗址尚存第一进“振始堂”五间房屋和一个小院。从旧宅中的青石条墙基、石柱础等细节处可以想到当年这所宅邸宏大宽敞的规模。解放初，宅前还有御赐进士牌楼门面及旗杆石等，后因翻建旧宅被拆除。御赐牌坊“进士坊”，仅剩的一根石柱也被人砌进了自家墙基。

真赏斋

真赏斋，明代收藏家、鉴赏家华夏建于明嘉靖年间。《泰伯梅里志》记载：“真赏斋在鹅湖东沙泾，明华夏所构，以藏古书画彝鼎。”明代丰坊在《真赏斋赋》中对这座草堂别墅作了极为细腻的描摹：室外柏奕挺秀、芝房迴曲，室内朱窗明净、素辟雅洁，院中梧荫垂砌、荷香满庭……园圃四时花开、八节长春。华夏与吴中才子沈周、文徵明、唐伯虎等都有深交。特别是文徵明、文彭父子，都是东沙常客。文徵明分别在八十和八十八岁高龄为华夏画《真赏斋图》，藏上海博物馆和中国历史博物馆。真赏斋藏品晋代大书法家王羲之的《袁生帖》及其子孙的《王氏宝章集》、三国大书法家钟繇的《荐季直表》等刻石，现嵌于惠山华孝子祠墙壁上。

春草轩

元末华幼武于隆亭堠阳首创春草轩悉心奉母。

《金匮县志》“古迹”中记“春草轩在隆亭，明华幼武奉母之所，因取孟郊《游子吟》诗语以名。”该轩毁于兵燹。明初华幼武次子华贞固奉父命迁居荡口后，在通源桥（一名大奶桥）附近另筑春草轩纪念祖母、奉养母亲，被称为“贞固春草第二轩”，广受赞誉，惜又毁。清代华氏后裔为纪念先祖孝德，又先后两次重建春草轩（改作祠堂）于荡口西双水弄内。

元代张翥曾作《春草轩记》，明代华氏裔孙延请文徵明书以八分并摹勒上石。刻石毁于“文革”，今惠山华孝子祠享堂内的十六方刻石，为后人依原拓本重刻。

水月庵

水月庵由僧人天缘创建于明万历元年（1573），位于鹅湖边东沙泾。万历三十四年（1606），僧人明顺重修。万历四十一年（1613）僧人性本又重修。水月庵是无锡四大古刹之一华藏禅寺的分支。

正德、嘉靖年间，天缘和尚在东沙泾建茅屋，逐渐形成庙庵，由荡口华姓支持香火。后来庵被火焚，华氏捐田捐款，建三大殿。陆楣《水月庵重建山门疏》中对水月庵清修和鹅湖赏景的妙处作了生动描绘，又在《水月庵募修三大士殿引》中写道：“当是时，湖上多名贤，弦诵之暇，相与徘徊，眺望于白沙翠竹、波光云影间。”水月禅院一时声名远播。

嘉遁园

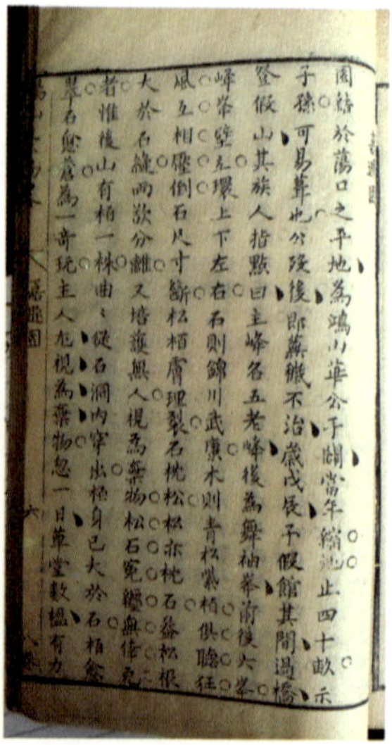

嘉遁園

園結於蕩口之平地為鴻山華公手闢當年縮地止四十畝示
子孫可易葬也公歿後即蕪穢不治歲戊辰予假館其間過橋
登假山其族人指點曰主峰名五老峰後為舞袖峯前後大峯
峰巒壁立環上下左右石則錦川武康木則青松紫栢俱聯徑
風互相壓倒石尺寸斷松栢膏理裂石枕松松亦枕石蟠松根
大於石纏兩欵分離又增蘚無人視為棄物松石冤鬱無伸充
者惟後山有栢一株曲曲從石洞內穿出探身已大於石栢餘
星于石態若為一奇玩主人尤視為棄物忽一日草堂數楹有力

图12 锡山景物略—嘉遁园

《锡山景物略》载：嘉遁“园结于荡口之平地，为鸿山华公手辟。当年缩地止四十亩，示子孙不可易菜也……”（图12）鸿山华公即“华太师”华察。明嘉靖二十四年（1545），华察为告老还乡在荡口修建嘉遁园，并把自己的高雅情趣融入了其中的一草一木一山一石。据《泰伯梅里志》记载，嘉遁园中有木石居、忘言斋、松筠阁、碧山堂、知退轩、避俗处、清机阁、学鸥舫、水月轩、面壁亭、晴雪轩、水竹居、梅花涧、碧山仙隐、独观阁、自适斋、狎鸥轩、留客处等二十多处景点。可惜“公殁后即芜秽不治”，很快就败落殆尽。嘉遁园原址现为荡口中学校园，昔日恢宏富丽的嘉遁园，如今只留下四根牌坊石柱。

花笑亭

花笑亭是明代华毅所构园林，坐落鹅湖西七里之西庄。《无锡金匮县志》“古迹”中记载，秦镛作《花笑亭记》及跋，叙华氏园林兴废：嘉遁园废而有乐榆园，乐榆园废后有浣红园，浣红园废后有花笑亭，以寄其五十年间岸谷之概。明代华允谊也为“花笑亭”作记，叙述“前临旷野，列树梅数十株，蓄华亭鹤二，堂之西有浴鹤涧、小乐窝……丛阴叠翠、参天拂云、四时名花、馥郁纷披、应接不暇”的乐圃景象。居其中而乐之，故名“花笑”。

白居易衣冠冢

明崇祯年间，荡口新桥附近（东半扇）挖到一座古人墓冢，内有古剑一柄、铜镜一枚，还有古墓碑一块。人们从碑文上得知此墓是白乐天的衣冠冢。白乐天即唐代大诗人白居易，曾在苏州任职工作一年。据崇祯进士吕阳在《吕全五初集·锡山志备采》中说：“乐天自江州到武林，必往还于梁溪惠山之间，而以鹅湖吉壤为挂剑脱簪之地。剟土为台，预营寂穴，如司空图故事亦未可知。则其设冢于鹅湖宜也。”据鸿山谈氏家谱记载，白居易有女嫁谈氏。白居易在杭州及苏州刺史任满后即离开江南回了洛阳。其女在父亲去世后，在鹅湖边择地建衣冠冢以祭奠。白乐天衣冠冢存在的时间很长，在“文革”时被夷平。

木排坟

在荡口青荡东侧摇荡圩蒋塘坝附近有一座富有

传奇色彩的木排坟。墓主是荡口华氏始迁祖贞固次子华兴叔，附葬子孙九代。华兴叔，字仲谆，以孝义闻名。据《无锡金匮县志》记载：兴叔梦见一位老人告诉他说："君骨当委茅蒋圩中耳。"他当时并不知道茅蒋圩在哪里。一日坐船经过青荡时，正待用饭，不料一失手，饭碗掉入湖中。船夫随手在饭碗落水的地方插了一根竹竿作为记号，几天后发现竹竿颜色已返绿。兴叔向附近居民打听后得知，此地就是"茅蒋圩"，便决定在此建坟。湖水不深，他便以木排铺在水面上，四面以铁链固定，其上堆土。《华氏本书》描述："坟上满植椿树、桧柏。坟名椿桧山，又名木排坟，地广百亩。而墓门巍巍，华表峨峨，墓道深邃，设享堂，开凿清池，赫赫荣荣。"因墓地原为圩田，浸于荡中，故"木排坟"随水涨落而不被淹没。清嘉庆年间遇大旱，独该墓恒常有水，探之究竟，发现坟前三眼清泉，而墓岸下也确有木头。经历日本侵略、内战，墓地几近毁灭，至"大跃进"年代，"木排坟"被彻底夷平（图13）。

图13　木排坟

余溪堂

余溪堂为明代华允诚宅邸。华允诚曾祖华舜钦，曾任江西瑞州知府，“余溪”即其号；祖父启直，嘉靖年间进士，官至四川布政司参政；华允诚为天启二年（1622）进士，其孙王澄，进士及第。

相传“余溪堂”匾额为明代吏部尚书严清所题。当时和严清同在吏部的顾宪成评价华启直说：“世好圆，华公好方；世好饰，华公好朴；世好佞，华公好直。”严清因此对华启直刮目相看，甚而引为至交。

崇祯六年（1633），华允诚深叹“庙堂不以人心为忧，政府不以人才为重，四海渐成土崩瓦解之势，诸臣有角户分门之念”，辞官回乡。回到荡口后不久，即筹建“华氏始迁祖祠”并为之迁出“余溪堂”，同时在族中举办同善会，以有余济不足。

第二节　物质文化遗产

《泰伯梅里志》记载，荡口在元明以前不甚著称，至明洪武年间华贞固居此，“其名始显，四百年来，高门巨阀，鳞次栉比……”明清两代，荡口拥有大量风格独特的建筑，至今尚有众多遗存，而且大多具有很高的文物保护价值。

一、华氏明清建筑群

三公祠　三公祠位于荡口南端新桥边，由明代翰林学士华察于嘉靖三十六年（1557）为纪念苏淞巡按、监察御史孙慎，督粮苏淞、山东布政使司右参政翁大立，无锡知县王其勤三人丈量土地、清厘田赋、造福一方的功德而倡建。

明代中后期，“虎噬蚕食，坐享无粮之利”“瘠人以自肥”。上述三公在华察的配合支持下，用了三个月丈田清粮。清赋行为得罪了豪绅富户，他们联络朝中亲贵，诬告华察勾结地方官员欺压百姓，在隆亭“私造龙亭密谋造反”。孙、翁、王三位清官因此被调任或革职。华察怒建生祠以奉祀三公。

三公祠坐北朝南，面对泱泱鹅湖。祠内有思泉

图14　三公祠

亭、学海书院、望月楼，以及遗爱堂、致斋所、衍庆道院。思泉亭内古井一口，名“思泉井”。亭旁墙上嵌有《思泉亭记》碑刻。祠屋一进，三间七架，两侧分置明代大学士王世贞、清代状元顾皋等所撰石刻碑记。庭院西侧墙上嵌有“步弓”刻石一块，形似现代的圆规，是当年丈量土地的标准工具，全国罕见，文物价值极高。2006 年，三公祠被列为江苏省文物保护单位（图14）

华氏始迁祖祠 华氏始迁祖（图15）祠位于旺儿桥附近，建于明末清初，最早为华氏十八世孙、天启二年（1622）进士华允诚为纪念荡口始迁祖华贞固而倡建。此后，祠堂兴废，数次修葺，清康熙三十五年（1696）、乾隆四十年（1775）两度重建。2002年列为江苏省文物保护单位。

光绪五年（1879）冬，华氏子孙集资在始迁祖

图15 始迁祖祠

祠东侧新建元总管祠（楠木厅），祠内供奉华贞固前三代祖先神位。三间楠木大厅（图16），为元总管祠正厅，保存完整，梁柱均用楠木做成，其梁、柱、檩的直接结合，体现了精简材料获取更大建筑空间的理念。附属建筑十余间，也基本完好。

图16　始迁祖祠楠木厅

华蘅芳、华世芳故居　华蘅芳是我国近代科学先行者、数学家、教育家、翻译家。其弟华世芳也是一位卓越的数学家、教育家。兄弟俩的故居位于仓河北街新当里，始建于清乾隆年间。2002年被列为江苏省文物保护单位。（图17）

图17　华蘅芳、华世芳故居

故居原规模较大，后遭到破坏。1998年，由当地政府出资修葺故居后两进，并将其列为“无锡市爱国主义教育基地”。故居两进14间，均为硬山顶晚清式建筑，5间正屋两边各有3间厢房和1个前厅。正屋端立汉白玉的华蘅芳半身塑像，两边墙上挂放华蘅芳与夫人邹佩兰的诗文，各房间陈列上百幅珍贵的图片资料及华蘅芳的多部著作；西厢房为华蘅芳居室。三个院子分别栽种芭蕉、石榴、南天竹，花墙石坛精细典雅。西花园内垒石筑圃，清静幽雅。

2009年，荡口古镇全面修缮前五进作为华蘅芳生平事迹陈列馆，展陈华蘅芳及其家人的生平事迹、学术成果和历史贡献。新修缮的故居，恢复了“惇惠堂”（图18）“荔雨轩”和“行素轩”。

图18 惇惠堂

华氏义庄 华氏义庄，俗称“老义庄”（图19），由华进思、华公弼父子于清乾隆年间始建，其后华氏子孙陆续修建，是江南地区至今保存最为完整、规模最大、存续时间最长的义庄之一。2002

图19　华氏老义庄

年列为江苏省文物保护单位。

荡口华氏是无锡地区最早兴建义庄的家族。据《无锡金匮县志》记载，清代从乾隆至光绪年间，荡口共建大小义庄七处，其中华氏占五处。老义庄规模最大，原有义田数千亩。清晚期，华清莲（芬远）嘱儿子捐义田2000余亩建芬义庄，到华鸿模共捐义田6000余亩，人称“新义庄”。

老义庄现存房屋四进，2007年按原有风貌进行

图20　华氏老义庄

了修缮。自南向北依此为隔河照壁、码头、八字照墙、门厅、轿厅、正厅、后厅。门厅外两侧分置碑记，皆为公文碑。梁枋与斗拱上彩绘清晰可辨。门厅内两侧原来是义庄看守人员起居的地方。轿厅与正厅之间设东西厢房。正厅系楠木结构，与后厅皆为三间七架（图20）。

襄义庄　襄义庄位于荡口摇湾里，建于清末，原有义田500余亩。（图21）

图21　华氏襄义庄（一）

庄主华文奎（又名襄云），国学生、翰林院孔目，早年在上海以缝纫业起家，继而经营绸缎皮货行及钱庄，家业渐丰，遂在荡口购置田产兴建义庄。义庄建成后，由其子景廉管理，参照新老义庄规约，赡族济贫、抚孤养寡。庄名“襄”字，传达了义庄“扶贫助困”的宗旨。

义庄五间三进，河边建造小楼，上为房屋，下为通往河道的码头。这“过街楼”的设计，使上下

图22　华氏襄义庄（二）

码头如在屋内，避免了风吹雨打日晒。解放后襄义庄改作当地政府粮库，后又改为粮管所职工宿舍。现已由当地政府出资修缮完毕，后期计划布置成为展览馆，供游客参观。2002年列为江苏省文物保护单位（图22）。

果育鸿模小学旧址　果育鸿模小学旧址（图23）位于学海路人民路西侧，由清末举人华鸿模创

图23　果育鸿模小学旧址

办。现存原建筑两座：一是四柱三间的西式门楼式校门，通体红砖清水；二是面阔三间的传统木结构厅堂，两座建筑都保存完好。2002年被列为江苏省文物保护单位。

光绪初年，华芬远开办书屋为华氏子弟提供学习场所，其子扩大书屋规模，兼收族外子弟。光绪三十一年（1905），华鸿模将新义庄学田地租收入加上其经营的堆栈收入，在书屋原址创办荡口第一所新式学堂——果育两等学堂。1911年鸿模去逝，其孙华绎之接办。为继承发扬祖父的办学精神和传统，将学堂更名为鸿模高等小学，学制五年，学生近200人。学校起初只限华氏子弟入学，后来施教区遍及全县各乡甚至江阴、常熟、吴县等地。学校教学设备一流，所聘老师名望高、学问大，其中钱穆和他的兄长钱挚，则既受惠于“果育”，又反哺于“鸿模”。

学海中学旧址　学海中学是现在荡口中学的前身，由华绎之出资兴办。1938年因日军侵略，在外求学的荡口学子纷纷失学回家，华绎之遂创办初中补习班。1942年，华驿之让出后仓浜私人花园洋房作为学校教室和操场，把补习班办成了正式初级中学“私立鹅湖中学”。根据规定，立案学校的初中毕业生才能报考名牌高中，为此华绎之等人商议，把地方公产学海书院田产88亩作为学校基金田，成立校董会立案，并经校董会议决，于1947年学校更名为无锡私立学海初级中学。1948年12月学校董事会经江苏省教育厅核准立案。

现学校旧址仅剩的一座凯旋门式的建筑即“绎之亭”（图24），是当年“鸿模藏书楼”的门厅。

图24　绎之亭

二、旧宅故居

蔡鸿生旧宅

蔡鸿生旧宅为两栋三层西式建筑，坐东朝西，约建于1931年至1935年间，是民国时期洋房建筑中的上品（图25）。

图25　蔡鸿生洋房

洋房的主人蔡鸿生，西仓东街人，民国时期上海滩闻人。此洋房是为其母所建，堂名“蔡鸿德堂”。洋房门楼五间两层，楼下中间一间为大门通道。紧靠门楼南侧建有水塔，高四层。“L”形主楼，三间三层朝南，五间两层朝西（解放初期由上海工匠加为三层），门口均有三级混凝土台阶。副楼与楼梯设在建筑东北角，四间三层，与主楼相通。朝南主楼东侧另有通道连接副楼。整座建筑结构精巧，装饰考究。磨砜石清水外墙，钩砌砖缝，保持着当年的色泽和风貌。地面以彩色马赛克铺就，质地细密，迄今少有裂缝和破损。洋房内建筑材料全由德国进口，从上海以水运方式送抵荡口。房内自来水、电灯等一应俱全，为当时无锡乡村所罕见，荡口之独有。

抗战时期，蔡鸿德堂为侵华日军占为兵营。1945年，包厚昌率“新江抗部”在此与日军激战，战火烧毁西半部建筑，包括大门及水箱等。解放后，该建筑由政府接收并修葺恢复烧毁的建筑。2003年列为无锡市文物保护单位，2011年被列为江苏省文物保护单位。

钱穆旧居　钱穆是我国著名的历史学家、国学大师，还是科学家、力学之父钱伟长的叔叔，南廷祥乡啸傲泾七房桥人。据钱伟长《八十自述》回忆：“我四岁时家宅失火，七房桥旧宅被焚，全家迁居荡口。”钱穆、钱伟长叔侄在荡口生活、学习

图26　钱穆旧居

的时候，曾搬迁过多处居所。

现作为景点开放的钱穆旧居，是他们当年租住的王家祖宅，位于仓河南街41号（图26）。旧居面阔三间木结构二层楼房，带院。建国后先后在此开设“天香阁”茶楼和“鹤鸣楼”书场。馆内陈列，通过对钱穆不同历史阶段的介绍，展现了他不平凡的人生历程。还以连环画的形式表现了钱穆在荡口的童年生活、学习以及成年后在荡口教书工作的情形。钱穆旧居于2016年列为无锡市文物保护单位。

华君武祖居　华君武祖居位于荡口古镇传芳巷2号，五间二层，砖木结构，清代建筑风格，保存完好。2016年被列为无锡市文保单位。

荡口华氏曾有十六个宅第，称“新八房”和“老八房”。华君武祖父所住的七房，庭院深深，从外走到最里，要跨十三个门槛。华君武的大伯华倩朔、二伯华紫翔都是对钱穆影响至深的国文老师。父亲华裳吉继承父业从医，留学日本成为一名药学家。华倩朔与华世芳儿子华子唯创办的“鹅湖女学”，校舍最初就设在这座祖宅。钱穆、钱伟长也曾在此居住。

王莘故居 王莘故居位于荡口古镇卖鸡桥堍杨家弄，包括王莘曾经居住的旧居、纪念馆以及复建的天津王莘工作室。（图27）

图27 王莘故居

王莘是我国著名的音乐家，中国音协“金钟奖”终身成就奖获得者，代表作《歌唱祖国》是传唱半个世纪的“第二国歌”。

2010年，王莘家属捐出了王莘生前使用的办公桌、钢琴、《歌唱祖国》手稿、冼星海赠送的自动铅笔等相关文物资料。如今这些珍贵遗物，被布置在王莘旧居及复建的洋房内，记录呈现了王莘原有的生活面貌、生命点滴。纪念馆内则分《歌起荡

图28　王莘纪念馆

口》《歌声引路》《歌者不息》三部分展现王莘的生平和成就（图28）。

三、工商古建

会通馆　会通馆（图29）是明代藏书家、刻书家、铜活字印刷家华燧的读书、印书工场，始建于明弘治年间。

明代铜活字印刷，以华燧的会通馆印书最著

图29　会通馆

名，印书数量最多，时间也最早。《中国活字印刷史》中说："我国真正的铜活字印刷，仍不得不以明代华燧会通馆所制的为最早。"明弘治三年（1490），华燧印《宋诸臣奏议》，是明确记载的会通馆印书之始。此后，华燧又陆续印行多部宋人类书，可考者约十五种，有八种在弘治十三年（1500）以前出版，相当于欧洲15世纪的"摇篮本"，在印刷史上有着重要意义。

须家米行　须家米行（图30）原商号名"须万春"，位于荡口古镇仓河北街，毗邻王莘故居。米行建于晚清年间，共四进，面阔七间，砖木结构，占地面积500平方米。其风火山墙为苏式建筑典型风格，塑有八卦图形。米行门前临河建有供粮食上下的码头和遮雨棚。2016年列为无锡市文物保护单位。

图30　须家米行

须氏是诗礼之家，荡口名门。须万春米行开业后，生意兴隆，口碑极好。其后代须沛若两度与国学大师钱穆同学，还是鸿模学堂的同事，两人亦师亦友，关系密切。钱穆视须沛若为“至友”，他在后来撰写《庄子纂笺》《论证新解》时，曾受须沛若很多启发。

甘露薛家商号——薛泰丰官酱园　“薛泰丰官酱园”由甘露富绅薛桐村在清咸丰年间创建，用于经营高级酱油“冰油”，薛泰丰冰油于1915年获得巴拿马万国博览会金奖。商号位于甘露北横头弄8号，坐东面西，原有七进，面阔三间。另有备弄两条。薛家商号与7号一起，成为本地一处大型商号建筑群，其规模在当时当地首屈一指，体现了甘露地区当时繁华的工商业情景。（图31）

图31　薛家商号

图32　甘露华氏堆栈

甘露华氏堆栈　甘露华氏堆栈位于甘露北横头弄七号，建于清末民初，面阔五间，共五进，第一进为抬梁式结构，第二、第三进为穿斗式梁柱结构（图32）。堆栈前面两进平房，第一进为门面，第二进左右各有厢房，当时用于典当仓库。隔了天井是大厅，大厅后面还有大院和二进二层楼房。堆栈的体量规模，表明当时货物吞吐量的庞大，是当时甘露月溪两岸工商业兴旺的佐证。

四、其他古迹

甘露增善堂　增善堂（图33）位于甘露老街寺弄口，始建于元代，现存建筑面阔三间，共三进，第一、第三进为硬山顶，第二进为歇山顶，其木构做法仍然保持着早期建筑的风格，柱子下用石礩，所有结构基本保存完整。2016年被列为无锡市文物保护单位。

图33　甘露增善堂

植福庵　植福庵（图34）位于荡口青荡村薛司娘桥，始建于清嘉庆元年（1796）。庙中的二层古戏楼，是嘉庆时原建筑，也是江南地区罕见的保存完整的古戏楼之一。戏楼（图35）呈“凸”字形，坐南朝北，与大殿相对。大殿亦为初建时原建筑，三开间硬山顶，坐北朝南，梁、柱、檩、枋及斗拱等皆为始建时原物，堂内金柱上仍镌有嘉庆元年（1796）始建时撰书的楹联。寺庙曾被移作他用，于20世纪90年代修葺一新。

图34　植福庵大殿

图35　植福庵戏楼

2006年6月，植福庵戏楼及殿堂建筑被列为江苏省文物保护单位。

永喜义庄　永喜义庄（图36）位于荡口青虹路，始建于清道光年间。义庄为三进式江南建筑风格，三面环水，内部宽敞，门框上保存着精美斗拱，墙中夹有金山石柱，河埠有闸门，防盗功能完善。

据族谱记载，道光二十四年（1844），永喜支

图36　永喜义庄

华锡鳞捐田243亩，三锡支华柱馨、翼望支华裕元等合捐义田400余亩，并得近20户族人的支持，华进思的曾孙文标等续捐290亩，另有族墓田8亩，集得义田总数达1174亩。田单入官保存，由县府立案给帖，刻碑公布，永禁后裔兼并盗卖。

义庄的捐建者一般总是以族内富户为主，而永喜义庄虽然也是以三家富户为主，但共同参与的成员较多并且这些族人经济状况都在中等偏下，因而永喜义庄又名“农民义庄”。

华察墓　华察墓位于甘露北，亦名“萧塘坟”，墓地面积原有数十亩，封土高约5米，墓园建筑及墓碑毁于1958年石灰厂建造，当时出土文物90余件（图37），收藏于无锡博物院。1984年8月，在华察墓旁30米处，其孙华师伊夫妇墓地出土大量随葬品，有束发金冠、锡茶壶、青花瓷玩、银筷、银匕、银盒、铜炉、铜镜、铜盘、木梳、漆盒、笔砚、印章、毛刷、念珠和墓志等，其中有一把柿蒂

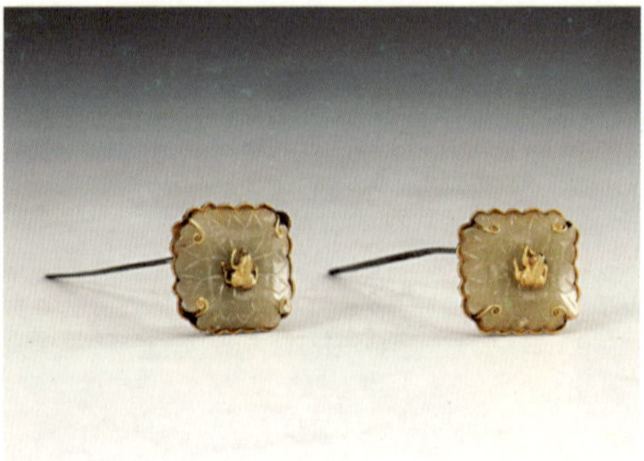

图37　华察墓出土文物

图38 "大彬"款紫砂壶

纹三足紫砂壶（图38），是公认的明朝制壶大家时大彬精品，国家一级文物，收藏于无锡市锡山区文物管理委员会办公室。

华察墓现存墓前神道石马（图39）一对以及石龟半座，2003年被列为无锡市文物保护单位。

图39 华察墓前神道石马

中山中学 荡口中山初级中学设在镇南新桥边的三公祠内，是一所由共产党人领导的革命学校。（图40）

图40　中山中学

1927年，无锡“四一四”惨案后，荡口、甘露地区中小学纷纷停办，共产党人与国民党左派遂携手创办此校，招收初中和小学高年级各一班共60多名学生，由陈忼白、华伯彦、华似谷三人组成校务委员会。学校以“国民党第六区党部”的牌子作掩护，共有陈忼白、华伯彦、傅一星、徐秋蝉等四名共产党员。学生中建有共青团支部，书记是钱烈，团员包括黄秋萍、孟东波、华纪桐等十多人。同年，王若飞到此指导农民运动。（图41）

图41　中山中学纪念馆

中山中学开办了半年左右就被迫关闭，却为中国革命事业输送了一批优秀人才，在无锡革命史上写下了光辉的一页。

太平桥　太平桥（图42）南北向横跨于荡口古镇北仓河上，始建年代不详。石桥堍、木桥面、木栏杆。东西两侧分别刻有桥联：桥号泰平愿四境民康物阜，河分馨清看两图麦秀禾肥；前庚子人后庚子年主议改建，昔用木架今用石叠永砥中流。光绪二十六年（1900），举人华鸿模对该桥进行全面修缮。国学大师唐文治在《华子随先生传》中，盛赞华鸿模数十年如一日在乡里广行善举。2016年公布其为无锡市文物保护单位。

图42　太平桥

乐稼桥　乐稼桥（图43）位于荡口新桥尚书苑，东西向横跨于黄塘河上。此桥建于晚清，为三孔石梁桥，低栏杆，桥面由三块大石条组成，每节桥墩由三块金山石长条组成，栏杆石之间用铁管串

图43　乐稼桥

接加固，桥梁两边居中刻有桥名，结构精巧，是无锡地区为数不多的清代三跨石梁桥之一。2016年公布其为无锡市文物保护单位。

第三节　非物质文化遗产

荡口不仅保存有厚重的物质文化遗存，而且还留存着丰富的非物质文化遗产，世代相承的非物质文化遗产是荡口历史发展的见证和重要的文化资源，作为目前无锡市唯一的国家级历史文化名镇，无锡的诸多非遗项目在荡口都有所流布，荡口亦有多项本地区特有的非遗项目。

吴歌

吴歌，又称“吴声歌曲”，是指江苏南部、浙江西部并包括上海在内的整个长江三角洲用吴语演唱的山歌、小调、号子等民歌。锦绣江南是传唱吴歌的故乡，浩瀚太湖是孕育吴歌的摇篮。相传公元前13世纪，殷商末年，周王派长子到江南无锡建都，并“以歌养民”，从此吴歌这条灿烂的文化长河流淌了3000年。江南有着极其丰富、光彩照人的民歌宝藏，从其音乐形式来看分为两大类：一类是篇幅不长的短歌，一类是长篇叙事歌。短歌包括山歌时调小曲和劳动号子。委婉的吴侬软语，加之曼丽甜润的曲调，使吴歌带有江南水乡特有的清丽柔和风味。吴歌多咏爱情生活，与“西曲”多述商旅生活、水边离情，及北方民歌多勇武粗犷的风格有很大的不同，因而独具一格。吴歌历来被认为是文学史上的一绝。吴歌已被列入国家级非物质文化遗产保护名录。（图44）

图44　吴歌

荡口地处古代吴文化中心地带，属吴歌的重要发源地。吴歌歌词率真而多情，声调古朴而悠扬，极富感染力。留存至今的涉及本地区的古诗文中，描写吴歌的内容随处可见，如“一曲吴歌惊梦觉，起看河水带星流”“何处沧浪歌，因之一洗耳”。吴歌也似乎无处不在，华幼武诗云：“漆灯丛冢荆榛遍，还有吴声子夜歌。”

锡剧

锡剧，又称“滩簧”“常锡文戏”，被誉为“太湖红梅”，发源地江苏省无锡市羊尖、严家桥等太湖沿岸农村地区，流行于江苏南部、上海、浙江北部、江苏中部、安徽东南部，荡口亦为流布地区。大约在清乾隆至道光年间，无锡、常州乡民用当地的民歌小曲说唱故事以自娱，称为“东乡调”。太平天国前后，东乡调逐渐发展成曲艺形式的“滩簧”，演唱生活中的小故事。由于语音唱腔略异，又分“无锡滩簧”和“常州滩簧”。滩簧吸收了江南民间舞蹈“采茶灯”的身段动作，并曾用采茶灯、花鼓戏的方式演出，故又被称作“花鼓滩簧”。之后，滩簧戏多为二人一档，在农村中活动，所演节目只有一旦、一生（或一丑）两个角色，称为“对子戏”。辛亥革命前后无锡、常州的滩簧戏正式搬上舞台，并先后进入上海，不久逐渐合班演出，改称“常锡文戏”。1952年，常锡文戏定名为“常锡剧”。1954年“华东区戏曲观摩演出大会”后，“常锡剧”统称“锡剧”。唱腔属于曲牌板腔综合体，有男、女分腔的显著特点。曲调基本上是上下句的版式变化体结构，常在上下句之间插入一段或长或短的清板。主要曲调为簧调，曲调柔和、流畅、轻快。乐器以正、副二胡为主，琵琶、三弦、扬琴为辅，箫、笛、中胡、小提琴等乐器也有参与。（图45）

图45 锡剧

移动箱式养蜂

荡口华绎之是中国第一个实践和推广科学养蜂的实业家，他于1918年东渡日本考察养蜂业，并派遣冯焕文等人出国学习养蜂技术。1921年，华绎之学成回国后，在上海劳动大学昆虫学教授冯焕文的大力支持下，创办华绎之蜜蜡公司，设蜂场于荡口，并逐步在昆山、松江、苏州、吴县、丹阳等地设立分场，主要经营蜂产品、蜂种和养蜂工具，同时传授养蜂技术。拥有意大利纯种蜜蜂2000多箱，分三个蜂群，每一蜂群组成一个养蜂队，配有汽船一艘，拖船五六艘。这样的养蜂规模，在全国独一无二，曾一次向美国得克萨斯州出售纯种蜂2000箱，被誉为“养蜂大王”。

华绎之采用制造蜂础及活框蜂箱养蜂，有别于传统的土蜂饲养法，创办了无锡移动箱式蜂业，开创了我国科学养蜂的历史。荡口华氏蜜蜂业开始发达，一直延续至今。现相关实物遗存有华绎之养蜂基地及养蜂经验笔记两册。

蜂蜜是一种极佳的营养品，深受群众欢迎，改革开放后，移动箱式养蜂业发展很快。清末民初，华绎之农场的养蜂员钱阿二从华绎之的养蜂场学得养蜂技术，后传与子钱林生，钱林生传与王根泉，后经由王根泉传与俞春林，他从事移动箱式养蜂多年，积累了一整套丰富经验。现该养蜂法传承有序，荡口以此种养蜂法养蜂的仍有八九家。除荡口外，其他乡镇地区亦有发展。养蜂技艺属传统技艺，2010年被列入无锡市第二批非物质文化遗产代表作名录。（图46）

图46 移动箱式养蜂

朱氏疔疔疮头

清末，荡口朱巧玲的婆婆非常擅于治疗疔疮头，她只需观察患疔部位及外观，即可判断病情种类，然后通过独家秘方，配制草药研末，敷药治疗，既不需给患者开刀，也不需要给患者针刺，可达到药到病除的疗效。朱巧玲的婆婆后来将这一绝

图47　朱氏疔疔疮头

技传与巧玲，而后巧玲又传与儿媳梁桂英，婆传媳世代相传，将这一绝技传承下来，现在梁桂英仍在为患者解除病痛。朱氏疔疔疮头祖传秘方被列入锡山区非遗代表作名录。（图47）

疗蛇咬

清同治年间，荡口人华桂香擅长以传统中医的“望闻问切”的方法，诊断伤者被毒蛇咬伤的情况，然后采用独家配方，将相关草药研末，再用黄

图48　疗蛇咬

酒送服，患者可以通过喝汤剂解蛇毒。华桂香后将此秘方传与华金根，华金根传与华阿三，后华阿三又传与其子泉根。华氏治疗蛇咬祖传秘方系世代祖传，直至今日，华泉根仍以这一配方救治被毒蛇咬伤的当地人。该技艺已被列入锡山区非遗代表作名录。（图48）

小脚粽

“小脚粽”（图49），起源一说为纪念屈原，每年端午包了粽子投于江内；另一说为纪念孟姜女，由此生出每年端午包粽子、吃粽子的习俗。吴地是小脚粽

图49　小脚粽

的流布地区，但快捷的生活，使得小脚粽越来越少见，买来的粽子又多包裹得比较松散，导致口感比较烂，荡口李氏小脚粽不仅外形匀称精美，因为包裹紧实，故煮熟后，其米口感硬但味道极香，在当地享有盛誉。

民国初年，荡口只要有重大喜庆日或人家造房抛梁时，都会用到李元珍家的小脚粽，而这门技艺是由李元珍的母亲传给她的，后来她又传给了华金妹。李氏小脚粽工艺独特，制作精美，口感甚佳，深受群众喜爱。制作小脚粽，首先要采集粽叶，将糯米洗净并浸泡三小时后沥干水分，以洗净粽叶盛糯米包裹，需包裹紧致，状如小脚。包好后不用线扎，只用签针将粽叶尾部穿粽叶而过，再抽紧，包完入锅加水大火煮开，文火焖烧6至8小时后即可。该技艺已被列入锡山区非遗代表作名录。

篾竹编织工艺

篾竹编织工艺在塑料制品尚未普及时，在江南地区广泛流传，有的甚至整个村庄都从事篾竹编织，全村男女老少都会做。清末时，荡口人周银虎即擅长篾竹编织，其编织的各种竹篮及竹篾制品造型精巧，深受群众喜爱，周银虎后来将这门手艺传与儿子周大兴，解放前周大兴又传与其子周凤元。

周家所做的竹篮最为出名，其品种繁多，有能盛米粉等细小食物的“猛篮”，有洗菜用的“半篮”等等。除了做容器的篮子外，还有衬于斗笠内的“帽篮”，捋草用的“指头篮”、洗帚等。

制作竹篮，首先要选材断料，然后劈篾，周家的劈篾方法有别于普通的劈篾法，劈侧蔑，然后为使篾面光滑且软硬厚薄均匀，则对篾面进行抽刮，然后开始正式编织，先搭篮底，再做篮角，圈边环篮，最后上襻。目前仍以此为生的人家已极少，这一手工技艺也逐渐陷入窘境，对其保护也具有一定的环保意义。该技艺已被列入锡山区非遗代表作名录。（图50）

图50　篾竹编织工艺

舞狮

无锡市不少地区都有舞狮表演，荡口是重要的流布区域，还曾外出到江南各地演出，并为江阴卫星定位船演出。舞狮是过去庙会上产生的表演形式，已有数百年历史。庙会以及喜庆场都会有舞狮表演，过去在春节等传统节日时也会有舞狮表演，近时期则在企业开业或庆典上被邀表演。表演形式与内容主要是表现狮子活泼可爱、充满生机的形态，有祝福贺岁等内容。演出形式有双狮、多狮等，有抱绣球上梯翻腾跳跃等，表演充满活力，并有喜庆、吉祥的意思。表演的主要技艺是双人的配合，要有一定的武术基础，尤其是登高跳跃，都必须有默契的配合。舞绣球的人是指挥者，对表演全过程都有导引作用，鼓点则是控制节奏。目前荡口仍有二对狮在活动，但由于体力要求高，目前传承有些困难，参与者也多为中年人。该技艺已被列入锡山区非遗代表作名录。（图51）

图51　舞狮

第三章

鹅湖民俗乡愁浓

长盛不衰的荡口民俗文化内容丰富、多姿多彩，节庆婚丧、饮食文化、风俗特产，渗透到社会生活的方方面面。至德无形，至宝亦然。这些凝聚着勤劳和智慧的民俗文化，形成了独具水乡特色的地缘风情和审美情趣，散发着浓浓的乡愁意蕴。

第一节　四时八节　百艺齐陈

荡口人用勤劳的双手造就了富饶美丽的鱼米之乡，同时也为我们留下了瑰丽多彩的民俗文化。这些民俗文化起源于生产、生活，展现了荡口地区百姓的生活之美。在无船不能行的年代，“金甘露”“银荡口”的美誉已流传四方。

一、甘露烈帝庙庙会

甘露每年农历四月半的烈帝庙庙会（图52），

图52 甘露庙会

吸引了来自周边地区数以万计的香客和观光者，形成了一个集民俗文化和经济交流于一体的传统节场。

庙会期间，数以百计的民俗表演队伍、千人以上的业余演员献演。演出的节目都是传承数百至上千年的民间文艺。比如云车、戏文抬阁、荡湖船、挑花担、舞龙灯、跳加官、走高跷、打莲湘、江南丝竹、十番锣鼓、秧歌、掼担、舞龙舞狮……与民间习俗、劳动场景密切联系，由老百姓自排自演。来自四面八方的商贩，在镇上的主要街道设摊做买卖，一时间甘露又成为商品交流的大市场。

还有许多流动的文艺团体，也借此机会前来演出。演出的剧种，以锡剧、越剧、沪剧、昆剧为主，许多名家曾在此摔打成长。锡剧演员王彬彬、梅兰珍、姚澄、费兴生、王兰英都到过甘露；昆剧演员朱国良、周传瑛、王传淞等，曾在此盘桓。在甘露，还有好几家书场，如望湖轩、中兴楼等。平时有评弹、评话演出，庙会期间诸多名角如徐韵芝、严雪亭、张鉴庭、张鉴国、黄贻安、朱雪琴等，都曾多次来甘露演出。“说书的不到甘露，成不了名家”，也许有些夸张，但甘露这个“书码头”，在评弹艺术家的心目中是颇有分量的。

甘露烈帝庙祀奉的是隋司徒陈杲仁，据清代《常州府志》记载，他是南北朝南梁武帝的侄孙，曾任监察御史、江南道巡察使。南梁灭亡，他辞官回家。后来在隋先后任秉义尉、朝请大夫、银青光禄大夫、大司徒等职。

清末《无锡金匮县志》记载：“庙在中市桥南，祀隋司徒陈杲仁。杲仁，晋陵人。唐初即其故第立专庙。历著灵异，加封号有差。至南唐保大间，阴佑柴克宏破周师，册为武烈帝。故俗称烈帝庙。我邑慕其义，亦立庙祀之。宋宣和中毁。明宣德间重建，正德间重修，万历中邑人秦耀、高攀龙、严一鹏又相继修治，一鹏有记。国朝康熙间，秦德藻增葺之，咸丰十年（1860）毁。”

烈帝庙与明代开国皇帝朱元璋之间也有一段故事。明初朱元璋派大将军常遇春攻打驻守无锡的张士诚。张士诚部下有一干将莫天佑，在甘露镇南建造一座土城，准备固守。常遇春则驻军在庙内，不料士兵水土不服，军中瘟疫流行。一天晚上，陈杲仁托梦给常遇春，说可驱除瘟疫，保他力克莫天佑。当时大殿异香扑鼻，士兵精神大振。天明之后，常遇春破城杀敌，莫天佑落荒而逃。朱元璋闻报十分惊异，赐陈杲仁“瘟部大堂”称号，并刻木印一枚：“武烈大帝瘟部大堂”，还送了一袭白色龙袍。这两件钦赐之宝，成为烈帝庙的镇庙之宝。到“文革”破四旧时，龙袍被烧毁，印信至今留在烈帝庙内。

陈杲仁虽以隋司徒终其一生，但死后受历代君王封谥。“武烈大帝”是最高封号，因此一应皆以帝制设置。当时的烈帝庙会，完全是缩小了的朝廷礼制。仪门两侧是马夫栏，楼上是戏台；花岗岩天井两厢是六房书吏。大殿三间，正中是陈杲仁正像，左边巡行像，右边起居像，三个神像为同一人。庙会时要抬出巡行像，俗称其为“二老爷”。

烈帝庙至今仍留有许多匾额，成为当地的人文、书法瑰宝。

20世纪90年代初，甘露及周边百姓提出重建甘露寺（图53）、烈帝庙，自发募资三十多万元，经无锡县政府批准易地重建并逐年扩大。甘露烈帝庙会也于1994年恢复，从此每年正月半灯会，四月半民俗文化节就成为烈帝庙的传统活动，传承民俗节目，绝大部分得以恢复。参与庙会活动的地域亦较旧时更广。

庙会改名为“民俗文化节”，形式上保留了风

图53　重建甘露寺

调雨顺、国泰民安的主题，但更多的是展示民俗文化。来自各地的表演，经过改编，被赋予了新的内涵，成为展示群众艺术风采的盛会。

二、元宵灯会

正月十五的甘露元宵灯会，也是由来已久的习俗，寄托了当地百姓对新的一年的期望，是另一种民俗文化样式。从正月十三上灯到十六落灯，通宵达旦连日不熄，是一番"火树银花不夜天"的景象。灯会设在烈帝庙，灯具制作在节前乃至年前就未雨绸缪，初十开始安装。所用灯具材料各异，屋檐屋角垂挂成串的是明角灯。仪门外的门廊里，则悬挂六盏红绸制作的圆形宫灯。大殿神案上，数支绘有金色龙凤图案的巨型红烛把大殿照得通亮，昼夜不灭。神像前悬挂凤穿牡丹珠帏，杏黄色的薄绸上用彩色丝线绣出图案，缀上珍珠，富丽堂皇。珠帷后的灯火，映出牡丹和凤凰，栩栩如生。内殿悬挂珠灯，均以各色彩绸作幔。灯会的主角即大型珠灯，骨架串以珍珠，制作精良。数盏大型珠灯与四周小灯交相辉映，体现了鹅湖百姓的文化底蕴和审美情趣。

在镇中心的广场上，则根据不同年份对应的生肖，扎出大型的主题灯，如“金蛇狂舞”“百兔迎春”“龙腾虎跃”等。在甘露寺里，还有《西游记》《白蛇传》等大型彩灯供游人观赏。大街小巷串有彩灯带，绵延几公里。到了晚上，灯火通明，店铺挂起花灯招徕顾客，有走马灯、如意灯、荷花灯，以及兔子、鲤鱼等各种动物造型的灯。游人往来如梭，庙里熙熙攘攘，从正月十四到十六，都是这灯火辉煌、通宵达旦的景况。赏灯乐事，当地百姓也借此宴请亲朋好友，甘露元宵灯会成了锡东地区有名的传统节日。

三、端午龙舟比赛

荡口地区另一个重要习俗便是每年端午的龙舟比赛。国学大师钱穆在《八十忆双亲·师友杂忆》中有一段荡口游龙舟的描述：

先父忙于外，先母忙于内，虽各爱其子女，乃绝少举家欢欣同乐之日。余所记忆者仅有两次。时已迁居荡口镇。一次，值某年端午，镇人大为龙舟之戏，有远自苏州来者。先父亦雇一舟，举家同往观。群舟列队四五十，镇人排先父舟为第一号，紧随龙舟后。龙舟高四五层，宛如重楼叠阁。入夜，灯火照空，锣鼓丝竹喧天。自镇外之鹅肫荡，亦名鹅湖，蜿蜒驶入镇上。两岸环观者，空镇而出。先父母与诸子女同坐前舱，左右瞻眺，午夜始返。

钱穆所说不是龙舟比赛，是游船。而文中描述的盛况，在全国亦属罕见。至于龙舟比赛的盛况，那是另一番景象（图54）。

端午以后收麦莳秧，艰苦的夏忙就要开始，所以龙舟比赛，是夏忙前最令人神往的节日。龙舟都是各村自己打造，头尾收尖上翘，饰以木雕的龙头龙尾，狭长的船身漆上龙鳞纹，浮在河里就像蛟龙卧波。赛前一个多月，就要对龙舟进行修葺、油漆，组织选手训练。

每条龙舟有十五名队员，其中桨手十二名，在舱中有固定座位，船头鼓手、锣手各一名，以锣声

图54　龙舟竞渡

鼓点指挥桨手。船尾一名舵手。端午那天一早，各村的龙舟都聚集到比赛地点，队员则身穿和龙船颜色一致的服装。在老人们的记忆中，印象最深的一次龙舟节是1946年的端午。

当年共有红、黄、银、青、绿五条龙舟参赛，赛场设在荡口市河，从摇湾底到杨树浲卖鱼桥。消息传出，相邻村镇的百姓甚至无锡、苏州、上海的亲戚都早早前来一睹龙舟赛风采。清晨，街上多了许多摊贩和游客，主妇们匆匆忙忙穿行在人群间采购菜肴。性急的人已在河岸边寻找有利位置，下塘、杨树浲、大场上都是便于观看的好去处，赛场一带的大四方桥、东桥、许家桥、小许家桥、卖鱼桥，可纵观全局，因而很早就有人占位以待。开赛的锣声一响，欢呼声、助威声、锣鼓声，一波一波从摇湾底传到杨树浲。河面上两艘龙舟比肩而进，舟首如利刃分水，两舷众桨翻飞浪花四溅。船速越来越快，在杨树浲比较宽阔的河面上竞争更加激烈，水花拍岸，观众呐喊。

过去荡口许多村弄都有龙舟和龙舟队。队员们谙熟水性、惯于驶船，对龙舟的修葺、髹漆、装饰也极在行。每次赛前，他们都会按规矩祭奠，趁农闲演练。

四、四时八节

花雨江南，鱼米之乡。独特的人文地理风

貌、习俗民风成了荡口古镇鲜活的自然和人文缩影。其“四时八节”习俗，特别讲究寓意，富有生活情趣。

过年是整年中持续时间最长、也最重大的节日。大扫除、掸檐尘等准备工作从腊月中下旬就开始了。掸灰除尘，既是为了干干净净过大年，又是冀望除掉旧年晦气，迎来新年好兆。

“小孩子巴（盼）年到，老太婆巴谢灶。”腊月廿四送灶日，是灶神爷“上天奉好事”的日子，百姓则吃素祭灶神，包素馅“谢灶团”，菜肴都是以豆腐、面筋、素鸡、百叶、黑木耳、香菇等做成。

过年前的热闹，数蒸年糕为最。“蒸蒸”日上，“糕糕（高高）”兴兴，喜庆又美好。除夕夜合家团聚吃的年夜饭，亦有许多讲究，饭里要放黄豆和荸荠：黄豆粒粒如金，荸荠状如元宝。菜肴中必定有鱼，寓“年年有余”之意。除夕“一夜连双岁，五更分两年”，吃过晚饭，放了“关门炮仗”，就在家守岁不出门了。守到子时过后，迎来岁首，则放“开门炮仗”，预祝新年大吉大利。

大年初一，早饭要吃年糕和圆子，年糕黄白两色，切成小方块，与青白两色的圆子一起做成年糕圆子汤，汤是放了红糖的甜汤，意谓高高兴兴、团团圆圆、甜甜蜜蜜。这一天里还有一些禁忌，比如不能舞刀弄枪，菜刀、剪刀一概不能用，以此冀求全年平安祥和。

年初五照例要接“路头菩萨”（迎财神）。荡口地区称财神为“五路财神”，大概是为纪念明代抗倭义士何五路。初九天生日，初十地生日，这两天家家户户都要斋干果、水果，点清香供奉。正月十五是新年里最热闹的一天，吃元宵、赏花灯，清早闹到深夜，把新年活动推向高潮。过了元宵，春节就算结束了。俗话说：“一过正月半，打开橱门尽你看。”意思就是说，过了正月半，家里已没有宴请客人的菜了。

荡口地区清明节扫墓祭祖的习俗也跟别处不同。去世不满一年的过“新清明”，必须在清明节当天行扫墓祭奠之礼；去世一年以上的过“老清明”，要赶在清明节前扫墓祭奠。清明节游鸿山祭扫泰伯墓，是本地又一重要风俗。这一天，家家户户都要做青白团子，青团子是用麦叶打汁加石灰水掺入糯米粉做成，白团子则是米粉本色，馅则是肉、豆沙、芝麻三种，以纪念吴文化始祖泰伯“三让”皇位携弟奔吴。

五月初五，赛龙舟、划桨船是鹅湖的传承习俗。上古时，吴地百姓“断发文身”，自比龙子，于五月初五举行图腾祭祖。七月初七称“乞巧节”，“妇女采集凤仙花染指甲，设瓜果祀织女星，以水盆曝月中，浮影以为乞巧之验；而士大夫家必以巧果相饷，果式不同，大约以面为之人物、花鸟无定形。”七月半称“中元”，又称“鬼节”，是祭奠亡灵的重要日子，当地俗称“过七月半”。和清明一样，新亡故的要在七月半当天祭奠，亡故一年以上的则在七月半之前祭奠。晚上还会点起荷灯为亡魂照路。

十一月底，渔民们将捕捞起来的第一网鱼分给亲友，吃一席以鱼为主的酒席，以庆贺丰收，俗称“起塘鱼”。

五、婚丧喜庆

除了“四时八节”的风俗外，本地婚丧喜庆的习俗也颇有特别之处。新娘出门时要由其兄弟驮着上轿，到了男家还要驮着进门，才算体面风光。嫁妆的“子孙包”（被子打成的包裹）、马桶里，要放上五个红蛋和红枣、桂圆、长生果（花生），让闹洞房的人抢，意谓“五子登科”，子孙兴旺发达。洞房要闹，越闹越发。

年满六十后的逢十寿辰，女儿要“备盘”，内容有堆成山形的寿面（寓“寿比南山”之意）、“寿桃”，还有两条鲤鱼、整条猪腿、两只鸡，以及寓意美好的团子、圆子、松糕、粽子。

起屋造房，“上梁”时要举行隆重的“抛梁”仪式。选定“黄道吉日”，仪式开始时爆竹鞭炮齐鸣，泥瓦匠人在屋顶上抛撒馒头、糕团、糖果等，边抛边喊“抛梁抛得高，子孙中阁老”之类的吉利话，为主人祈求好运，村巷上的老老少少就在底下推搡争抢，欢笑热闹。

第二节　名产丰饶　美食味醇

荡口田畴清润，阡陌纵横，绵延达两万余亩；鹅湖水面辽阔，清波荡漾，占域有八千余亩。农舍掩映，鸟语花香；水郭渔村，出产丰饶。

一、风物特产

鹅湖银鱼　“鹅湖美色水深深，系棹携壶取次斟。询是水乡风味好，银鱼如雪细如针。”《无锡金匮县志》记载：“银鱼出鹅湖。盛于晚春夏差减，七八月尽矣。其大如针，结发为网取之，舀水入白瓷碗中，了不可见，但黑睛两点如砂浮。著水而居人，舣舟得鱼，倾入煖酒即熟，皆成小玉环。好事者置本处水草中，不用水养，携入城，犹不失味，然不成环矣。”这段描绘出神入化，写尽了鹅湖银鱼的形态。太湖银鱼，天下闻名，鹅湖银鱼，最是尚品。鹅湖银鱼又以暮春时节最佳，延至初夏便不佳。“春后银鱼霜下鲈”这句诗并不适用鹅湖银鱼。因其出水即亡，尤显珍贵。

甘露青鱼　《随息居饮食谱》云：“惟青鱼为最美，补胃醒脾，温运化食。”荡口地区密布的河道湖荡中盛产之“鱼腥虾蟹”，正是以“甘露青

图55　甘露青鱼

鱼”（图55）最负盛名。每年十二月初，甘露青鱼开捕上市。据钱穆先生所记，清代时鹅湖就例禁捕鱼，只在冬季开放大捕一日。开捕之日盛况空前：“或下大网，或载鸬鹚，亦有独驾扁舟垂钓者，千舟群集，镇上人多驾舟出观。”当年钱穆的父亲在荡口私塾教书，当地人敬重“先生”，有捕鱼者得大鱼，都竞相送来，有数十尾之多，于是就腌糟至过年后食用。这大鱼就是鹅湖螺蛳青鱼。江南人吃青鱼之法，喜腊月里腌制，至年后食用。腌压过的青鱼，香气特别，味道鲜美。

鹅湖芡实　荡口地区民间自古流传这样一句话：“谢荡多鱼，濠河多芡，甘露多酒。”濠河，即鹅湖。

芡实俗名鸡头米，是一种睡莲科草本水生植物芡的果实。《无锡金匮县志》“物产”篇记载：“芡，出鹅湖华氏祖茔之旁。产不及百亩。”芡实是江南水乡常见之物，佳品却不常见。因鹅湖芡实

质优，有人试图将其移栽别处，却无法产出佳品。（图56）

芡的叶子浮在水面上，正面翠绿，反面紫红，长有尖刺。果实的外壳呈褐色，顶端突起，模样有点儿像鸡头，故以此称之。一个果实里面有一二百粒鸡头米，新鲜果实剥出的鸡头米，有着嫩黄色的壳，甜糯香的味。

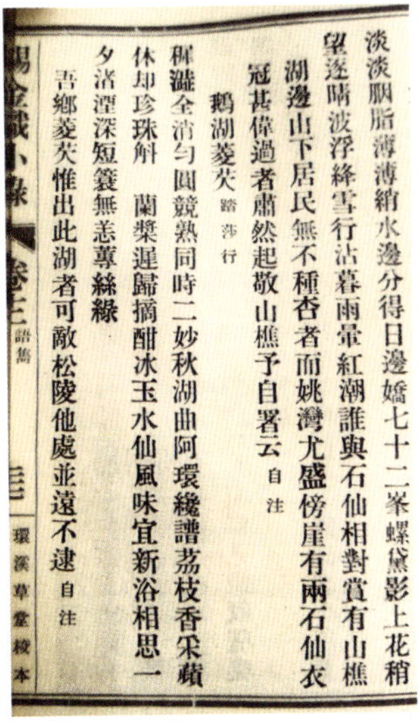
淡淡胭脂薄薄綃水邊分得日邊嬌七十二峯螺黛影上花稍望逐晴波浮絳雪行沾暮雨暈紅潮誰與石仙相對賞有山樵

湖邊山下居民無不種杏者而姚灣尤盛傍崖有兩石仙衣冠甚偉過者肅然起敬山樵予自署云 自注

鵝湖菱芡 踏莎行

稈灕全消勻圓競熟同時二妙秋湖曲阿環纔譜荔枝香采蘋休却珍珠斛 蘭槳遲歸摘酣冰玉水仙風味宜新浴相思一夕渚湮深短簑無恙蓴絲綠

吾鄉菱芡惟出此湖者可敵松陵他處並遠不逮 自注

錫金識小錄 卷三 語舊 三 環溪草堂校本

图56《锡金识小录》——鹅湖菱芡

鹅湖青菱　菱，古代称“芰”，是一种一年生水生草本植物，主要生长于太湖流域。鹅湖地区水荡连绵，正是盛产菱角的好地方，品种以青菱为主。青菱就是四角菱（两角的叫元宝菱）。

秋季菱角成熟的时候，有两道风景让人流连忘返。一是采菱角。“青裙缟袂谁家女，划着船儿采红菱”，这是让人赏心悦目的场景。其次就是卖菱角。从前鲜菱出市时节，卖菱人将菱装了半船，沿河叫卖：“阿要卖菱吃唷！”荡口人口音接近苏州，有些私爱家乡的人，更觉带有锡金口音的荡口话，比苏州话还胜三分（沙陆墟《小上海八怪》）。吴侬软语喊出的叫卖声，清脆、悠长，在水巷里久久回荡，这就是荡口本地人所说的“叫浜菱”。

荡口酒 明代王世贞曾以绝句形式评点明时各地美酒二十款，这就是他的《酒品前后二十绝》。诗前有序，言简意赅地评点二十种美酒的产地和特点，其中就有一款荡口酒：

“……华氏以鹅肫荡水酿，绝如菉竹色而清旨爽冽，酹之凉风生齿，咽间美而不酲。南酒第一也。余尝过其地，醉者两日。”

图57 荡口酒

南酒指江南地区所产米酒。清代刘廷玑《在园杂志》中也提道：“京师馈遗，必开南酒为贵重，如惠泉、芜湖、四美瓶头、绍兴、金华诸品，言方物也。”可见明清时期，觥筹交错，以品南酒为时尚。如王世贞、刘廷玑二人所提及，无锡产米酒是当时南酒中数一数二的佳酿，而刘氏认为惠泉酒过甜。被王世贞列为“南酒”第一的这款“荡口酒”（图57），以鹅湖水酿成，色泽清碧澄澈，入口清爽甘洌，品质当在惠泉之上。

鹅湖冰油 鹅湖冰油，也称“冰露”，一种陈

图58　薛泰丰冰油

酿酱油，回味略甘、鲜香醇厚，无以复制。当年甘露的老字号酱园有很多家，尤以“薛泰丰”名气最盛。（图58）

清道光十三年（1833），甘露富绅薛桐村创办薛泰丰官酱园，专业生产高级酱油“冰油”，并在当时作为贡品为皇家御膳房所用，与镇江陈醋齐名。1915年，世界贸易组织在美国旧金山举办“巴拿马万国博览会”，薛泰丰所产之“冰油”，和茅台酒同期获得博览会金质奖。

鹅湖冰油的制作工艺很复杂。首先选用优质黄豆蒸煮，拌上面粉做成“酱黄糕”，俟其自然发霉成金黄色进而变硬后进行翻晒和夜露，到正伏天时装入大缸（缸内事先放入配比好的河水和井水，加盐，经过一段时间的日晒夜露）发酵，由专人查看并搅拌均匀。如此，第一年形成“伏双酱油”。接着将伏双酱油进行七次榨制，去杂质、添酱色。酱色以麦芽糖和红糖加水熬制而成。这些酱油再经过两年日晒夜露，直到表面结成薄薄的白色晶体，才算酿成“冰油”。

如今，在薛泰丰后人的努力下，百年冰油得以复出。薛泰丰传人遵循古方，结合现代工艺，精选百分百非转基因脱脂大豆及天然麦麸，秉承“无添加”原则，用心酿造，以成就原汁原味的薛泰丰特级酱油。

鹅湖草鹅　荡口湖荡密布，水草肥美，所出产的鹅，品质上乘、肉质细嫩、味道鲜美。

青荡咸鸭蛋　青荡鸭多，且都野生放养，所产鸭蛋个大味美。每年清明节前将鸭蛋腌制起来，一个月后即可取食。煮熟后的咸鸭蛋，蛋白细嫩，蛋黄油多，远近闻名。

牛踏扁笋干毛豆　牛踏扁是本地一种特有的毛豆品种，比普通品种的个头大，状扁圆、吃口糯。牛踏扁笋干毛豆即是以这个品种的毛豆与春笋放在一起制成，豆糯笋鲜，是纯手工休闲美食。

金水梨　除了水产，荡口地区的水果种植也是远近闻名。其中又以“甘露金水梨”最为出名，皮薄肉嫩核小，是梨中精品。

荡口土蜂蜜　荡口的养蜂业已有百年历史。早在民国初年，被誉为“中国养蜂大王”的实业家华绎之即从国外学习、引进科学养蜂技术，购进先进养蜂工具，并在荡口创办了苏南地区第一个养蜂场“绎之蜂场”。所以荡口人养蜂采蜜远近闻名。

二、风味吃食

荡口自明代始，因其经济发达以及对诗性生活的追求，衣食起居都极讲究。钱穆先生在《八十忆双亲·师友杂忆》中忆及荡口生活时说：“先父饮食素清简，率常以鲫鱼汤、银鱼鸡蛋、面筋塞肉、熏鱼、瘦肉丸、虾仁等数味为止。先母精烹饪。先父在外得佳肴，归告先母，必能依所言调制，惬先父之意。”钱穆提到的这数款菜肴，大多是锡帮菜肴代表，或清淡鲜香或浓油赤酱，一律精致。而正宗锡帮菜的发祥地无锡聚丰园，正是由三位荡口人所创。

清同治三年（1864），在与苏州仅一河之隔的荡口南界泾村，十四岁的农家少年王荣初搭船到苏州“采芝斋”菜馆学艺，三年艺满回到无锡，在北塘盐公栈做烧饭师傅。这时的无锡城正是太平天国之乱初定之时。王荣初和两位荡口同乡看准时机，于同治六年（1867）在古运河边合资开办聚丰园菜馆。此三人的家乡荡口，鹅湖水阔、水产丰盛，王荣初等人每天都回去收购鲜鱼活虾到店里活杀现烧，比如聚丰园的特色名菜“奶汤鲫鱼”“活炝青虾”“清炒大玉（虾仁）”等。清炒鱼片、红烧划水（青鱼尾巴）、老烧鱼等，也都是荡口活鱼现杀烧制。王荣初等人还善于融合其他菜系的特点加以出新。最经典的例子就是拿红腐乳汁作调料改制苏州焖肉，做出了汁亮色红的“腐乳肉”。这道名菜流传百年，至今不衰。

走在荡口老街，置身熙攘人群，会产生一种恍惚的感觉。荡口僻处无锡东南边界，跟无锡城、苏州城距离相当且都较远，虽属锡金之地，但荡口人满口吴侬软语。荡口的风土人情和四时习俗，融合了苏锡两地特点，并流露出更为醇厚的风味。荡口的风味吃食，也体现出浓浓的乡野特点。

老荡口焖肉　这是一款保持地道苏式焖肉特色的菜肴，肥而不腻，入口即化，至今依然广受食客欢迎。制作方法是用上好五花肉在老汤中煮,再依次加入猪内脏同煮至七八成熟。汤料则是在水、盐、酱油煮开的汤中放入中药包煮到药料及调料的香味散发（中药配料有十余味，季节不同配料也不同）。然后在汤锅内放入竹篦子，篦上放一层猪骨头，把上述煮到八分熟的五花肉和内脏排在骨头上，倒入汤，浸到一半，烧开，再改用文火煨两至三小时。

荡口走油肉　走油肉（图59）是荡口地区百姓过年或酒席必备的一道大菜。选用稍肥的五花肉切成大方块，水煮至肉皮酥软后捞出，再以旺火热油炸至金黄色，捞出投入温水。烹制前先在水中浸泡1~2个小时，待肉皮起皱，从瘦肉处切片（肉皮连着），再以糖、酱油调味后肥肉朝下上置碗中隔水蒸，蒸好后以盘扣碗上，反过来将肉合于盘中，一

图59　走油肉

盘色香味俱全的走油肉就可以上桌了。经过这一番水煮油炸，吃起来酥烂鲜香，肥而不腻，还可用梅干菜、笋干置于盘底，吃起来更是相得益彰。

荡口年糕　“蒸年糕”（图60）是荡口地区过年时的习俗。做年糕要技术，还要有力气。定好蒸糕日期后，蒸糕人家就忙开了，先是按照比例掺好粳米和糯米，粳米多了不好吃，糯米多了不成形。

图60　年糕

白糖鲜洁红糖醇香，所以还要按口味准备好两种糖，讲究的还加桂花。蒸糕的这天晚上，风箱呼哧，鼓舞着灶膛里的火，锅里烧起热水，锅上架起木桶。木桶里是“绣”好的粉（“绣”是一项调和水、糖，不停翻搓米粉使其呈松松的半干半湿状态的工作）。刚出笼未经“揉”的糕，松软甜糯，好吃却不宜储存，只能即时浅尝。“松糕”出笼，蒸糕人迅速以蘸水的毛巾裹手揉搓，揉结实后推成长条再切成条状年糕。切糕不用刀，是用两头系了筷子的线勒，切好的糕盖上红印，或寿或福。

现在荡口年糕作为当地的特产，除了白糖年糕、红糖年糕，还有赤豆年糕、麦青年糕，镇上几家老字号糕团店一年四季供应。

青白团子　荡口及周边鸿声、梅村等地的百姓，每年清明临近，便开始割麦叶打麦汁，做青白团子。团子以鲜肉、豆沙、芝麻做成三种不同口味

图61　团子

的馅。“三馅”，吴语谐“三让”，寓意泰伯三让天下，南奔荆蛮，传播文明。“青白”两色，寓意泰伯一生清白。一年一度，祭祀缅怀吴文化始祖泰伯，是本地特有的清明文化。青白团子也成为清明祭奠去世亲人的必备供品。（图61）

世代相承，青白团子成了当地一种特色美食。馅料品种也愈加丰富，除了原来的“三馅”，还有荠菜馅、笋丝肉馅、萝卜丝馅、马兰香干馅、蛋黄肉松馅等，一般白团是咸馅，青团是甜馅。蒸熟后的团子，晶莹如白玉，油绿如翡翠，清香四溢，糯软爽滑。

典型的江南水乡古镇荡口，数家依树，一水环门。湖岸四周，平原旷野尽为良田，川泽足资灌溉之利，鱼米足益富羡之饶。一地风物，是一地之自然和人文缩影，珍藏在荡口人的心里。

第三节　故事传说　孝义流传

华氏家族的发展史是古镇的发展史中不可或缺的部分，古镇的孝义文化源远流传，因而故事传说也与华家有关，与古镇的孝义文化有关。

茅赐墙门的传说

据说在很久以前，荡口镇上住着一对夫妻，家境殷实，生活富足，唯一感到遗憾的就是妻子婚后一直没能生育。听说句容的茅山道士有求必应，非常灵验，于是夫妻俩决定去茅山求子。

一日，夫妻俩来到了茅山，烧香叩头，非常虔诚，请求茅山道士能让他们生一个儿子延续香火。道士掐指一算，说："你们求儿子是有的，但是，好的已没有，只有一个败家子了，你们要还是不要？"夫妻俩想：反正家当大，败掉点也无所谓。因此就说："好吧！我们要的。"于是，又烧了香，捐了钱，高高兴兴地到了家里。

果然，没多久，妻子怀孕了，十月满足，生下一个白白胖胖的男孩，因为是去茅山求来的，所以取名茅赐。小茅赐活泼可爱，性格开朗，眼见着一天天长大成人。随着父母年纪渐大，家中事情开始由茅赐逐渐接管。由于茅赐生性豪爽，为人大方，附近邻里谁家有急、有难，他都鼎力相助，遇到穷苦乡邻，他也不吝接济，因此在荡口镇上人缘甚好。

但事情也真让茅山道士给说中了。由于茅赐乐善好施，为人豪爽，家产真的是一日不如一日，到他三十三岁那年，原本殷实之家已是家徒四壁，唯一寄予希望的仅存祖上留下的一片圩田。可屋漏偏逢连夜雨，这一年夏季，暴雨连日，河水猛涨，眼看着茅家重新翻耕、栽满水稻的圩田即将淹没，茅赐公站在田边一筹莫展。附近居民见此情景，想起平日里经常受到茅赐公的接济恩惠，大家一呼百应，齐心协力筑堤抢险，终于保住了圩田。秋季到来，圩田所栽谷物喜获丰收，茅家经济逐渐好转。茅赐公从此也勤于耕读，精心治家，逐渐成为荡口镇上的大户。四十岁那年，建造了茅赐墙门。

“华抄”的传说

在甘露荡口地区向别人借东西时流传着一句俗语：皇帝也要借“华抄”，意思就是各家各户都有缺东西的时候，即便是贵为皇帝，也有一时所缺，要借借“华抄”。那么这“华抄”到底为何物？连帝皇家也没有？

据说啊，那可是明代有名的华察华太师家中的一件宝物，能够“掘到黄泥就成金”，所以遇到国库不足时皇帝也要借“华抄”一用了。

那么华太师又是如何得到这个宝物的呢？相传有一天，风和日丽，太师带着随从去打猎，打着打着，突然乌云密布，雷电轰鸣，眼看着一场大暴雨就要来临。可不知为何，闪电在前方总是打到一半就缩回去再也打不下来了。太师感到很奇怪，于是走上前去想一看究竟。只见前面树丛中一棵歪脖子老杨树枝繁叶茂，粗大的树干上居然有一个大洞，洞中探出一条巨大的蛇脑袋，头上还长了两只角，正张开血盆大口，向天吐着舌信，就是不让闪电打下来。据说这是一条成了精的蛇，马上就可以化龙飞天了。太师不明原由，见此情景，开弓搭箭，对着蛇脑袋就是一箭。随着大蛇脑袋被一箭贯穿，闪电瞬间而至，就此击中蛇身，大蛇转眼便化为灰烬，唯有一样东西掉了下来。太师急忙走过去一看，原来是蛇的一个下颚，这东西形同如意，像锹像铲，通体雪白，隐隐中透着光泽。太师拿在手里把玩，随手往地上掘了一下，没想到掘到的泥土马上就变成了金子。太师大喜，这才知道自己无意中得到了一件宝物。“锹”字的荡口方言为“抄”，故取名“华抄”。

太师家本是巨富，得到了这把“华抄”更是如虎添翼，但太师从不滥用，只在大灾大难之年才拿它来救急，救济百姓。所以华太师在当时很是受人尊敬。

孝子鱼的传说

鹅真荡水面宽阔，水产丰富，鱼类品种繁多。其中有一种鱼非常奇特，只有半爿身体，可照样在水中活动自如，非常有趣，它叫孝子鱼。

相传在战国时期，有一个冬天十分寒冷，连鹅真荡也冻结冰封了，不少渔船被冻在湖里上不了岸。

有一只船上，只有母子两个人。由于连日冰封，船不能动，母亲又冷又饿病倒了，船上一粒米也没有，儿子眼看着母亲的身体一天不如一天，心里很是着急，想下湖抓条鱼给母亲填填肚子。可天气这么冷，湖里的冰结得又是这么厚，怎么办呢？儿子瞅着生病的母亲，也顾不了那么多了，咬咬牙，脱下衣服，砸开冰层，一下钻进了冰冷的鹅湖里，摸呀摸，总算摸到了一条鱼。虽然冻得全身发抖，可儿子心里还是非常高兴。他爬上船穿好衣服，准备给母亲做一碗鲜美的鱼汤喝喝。正要杀鱼，只见这条鱼双眼汩汩流泪，像是在哀求放了它。这可怎么办呢？儿子看看生病的娘，再看看流泪的鱼，左右为难，真是急煞了。把鱼重新放进湖里吧，不要说刚才白冻了一场，主要是母亲急需这碗鱼汤；如果把鱼杀了吧，这条鱼这么可怜，看看心也软了。想来想去，终于想出了办法来啦，“对!”他自说自话拿起菜刀，把鱼剖成两爿，一爿是留着五脏六肺的，一爿光是骨肉。他把有内脏的一爿轻轻放进湖里，对它说：“鱼呀鱼，你有五脏六肺，回到水里去寻活路吧!借你的半身，我要去救救娘亲的命，请你原谅了我。”奇怪啦，那半片鱼，点头晃脑的，好像通了人性。在船边摇头晃尾，好一会儿才游开去。小伙子高兴煞了，连忙把另一爿烧了汤，端给娘喝了。娘喝了鱼汤，吃了这爿鱼，肚皮也不饿了，病也渐渐地好了。

过了几个月，渔民发现鹅真荡里多了一种从来没有见过的鱼，它宽如手掌，但只有半个脑袋一只眼睛。更稀奇的是，鱼身的一面同其他的鱼没有两样，另一面虽有鱼鳞却是跟雪白的鱼肉一模一样，这叫啥鱼呀?后来渔民们听到这母子俩讲的故事，深受感动，恍然大悟，就把这种鱼叫作“孝子鱼”，直到如今，湖里还有这种鱼呢!

第四章

古今名士灿若星

古镇荡口，自古崇文重教、源远流长，精英荟萃，千百年来，各行各业涌现了一批文化精英，从农副业到工商业，从名不见经传的村落到闻名遐迩的商业码头和经济重镇，无不闪耀着荡口文化的光辉。无论是家教、义学，还是新式教育，都成就了大量人才。

第一节　群星闪烁　千古流芳

荡口的政治界、文艺界，古往今来，人才辈出。明代出使朝鲜的华察，近代的从事秘密情报工作的特工华明之和沈安娜夫妇，明代名噪一时的真赏斋主人华夏，清代最早的琵琶演奏流派的开创者华秋苹，人民音乐家王莘，以漫画为戟笔的华君武，无不是荡口或从荡口走出去的文化名人。

华察：太师之名天下闻

图62　华察像

华察（图62），字子潜，号鸿山，明弘治十年（1497）生于荡口，民间俗称“华太师”。华察幼时聪明，熟读四书五经，十二岁能作诗文。嘉靖元年（1522）中举人，嘉靖五年（1526）中进士，选为庶吉士，嘉靖八年（1529）任户部主事，负责江淮税事。后调为兵部主事，任员外郎中，授奉政大夫等，成为朝廷高级官员。嘉靖十二年（1533）任翰林院修撰，校录历朝宝训实录，嘉靖十七年（1538）被任命为会试主考官。

让华太师名闻天下的是“唐伯虎点秋香”的爱情佳话，故事中的唐伯虎、秋香、华太师也都确有其人，但故事却违背了历史，歪曲了真相。据考证，秋香是明朝成化年间南京名妓林奴儿，比唐伯虎大近二十岁，和唐伯虎的渊源只是师从同一人（沈周）学画。华察则比唐伯虎小了二十七岁，真实的华太师生活俭朴，“食不三豆，室无侍媵”；华太师的儿子，“少有隽才，甫冠即登科第”。

历史上的华察成名在于其出使朝鲜的功绩。

嘉靖十八年（1539），皇帝命时任翰林院侍读的华察出使朝鲜宣谕。这是无锡历史上出使国外第一人，比光绪十六年（1890）出使英、法、意、比的薛福成早351年。

在汉城，朝鲜国王出了一句上联“皂荚倒挂千锭墨”，华察不加思索，随口对出“芭蕉斜卷一封书”，震惊四座。

图63　皇华集

使团从汉城回京复命没几天，朝鲜派人呈献给嘉靖皇帝一本诗文集。原来这是华察在朝鲜的唱和诗词，朝鲜吏曹判书兼五卫都总府都总管成世昌作序：“今者，帝命翰林院侍读华公察、工部左给事中薛公廷宠，赉擎二诏，来布德意。……二公受不遑，宁处每怀，靡及帝京至于下国三千有余里，而甫浃三旬，竣事旋车，不曾有迟留淹滞之色……”这本诗文集就是《皇华集》（图63）。

事隔十七年，华察的族侄华重庆和同伴被倭寇绑架，突遇狂风把船刮到了朝鲜。国王得知他是华察的亲属，立即盛情款待，临别还派员护送到鸭绿江边。万历年间，朝鲜受人蹂躏，华重庆闻讯后要求随王师出征，前去救援。这不能不说是一段佳话。

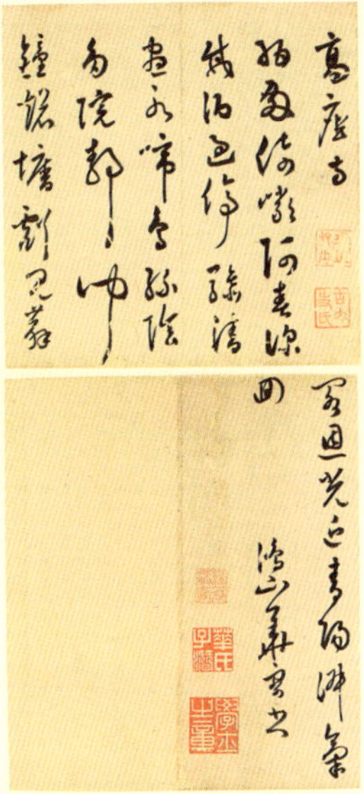

图64　华察行书（节选，藏于无锡博物院）

辞官归田后，华察又资助无锡县令王其勤筑城抗倭。同年协助官府“丈田清粮”。他还为地方修造桥梁，造福乡里。当地百姓“享其利者数百载，至今尸祝”。

华察于明万历二年（1574）五月二十七日逝世，葬于甘露萧塘。著有《岩居稿》《皇华集》《翰苑稿》《留院稿》《知退轩集》《碧山堂集》《东行纪兴》等，惜传世不多（图64）。

华夏：醉心“真赏”终不悔

明代中期，江南地区涌现了一大批鉴藏家如沈周、王世贞以及文徵明父子等。荡口华夏和他的“真赏斋”，吸引了众多文人才子雅集其间，唱和诗文，名噪一时。

《无锡金匮县志》记载：“华夏，字中甫。少师事王守仁。守仁谪龙场驿，夏周旋患难。中岁与吴下文徵明、祝允明辈为性命交。构真赏斋于东沙，藏三代鼎彝，魏晋以来金石缣素品鉴，推江东巨眼。徵明为之铭真赏斋。拓本妙埒宣和，停云快雪而下不敢望也。”王守仁，号阳明子，即王阳明，明代“心学”创始人，宋明理学的集大成者。在王阳明被贬往龙场驿的时候，华夏相从护卫、同担生死，人品可鉴。

华夏一生钟情古玩收藏，以“江东巨眼”称名于江湖。当年跟华夏相从甚密的吴门才子文徵明，曾为华夏写下《真赏斋铭》。华夏虽家业富厚，饶有资财，但他“于声色服用，一不留意。惟图史之癖，精鉴博识，得之心而寓于目。每饼金县购，故所蓄咸不下乙品。”嘉靖年间，他在鹅湖边东沙泾建东沙草堂，并赋诗明志：

春风湖上偶相寻，花径逶迤草阁深。
炼药自调丹火候，枕书常卧琴梧阴。
逃名已得全身术，博物聊存好古心。
白发追从宁厌数，阮家修竹旧成林。

他的书斋名“真赏”，取自沉醉古书收藏的书法家米芾的印章。当年文徵明以及沈周、祝枝山等人，每年都会来荡口相会华夏，在真赏斋抚摩品陟，探赜讨论。文徵明先后以八十和八十八高龄两度作《真赏斋图卷》（图65），记录他在真赏斋品茶消闲的景象。

华夏精鉴探玄、知音真赏，在文徵明看来，是真正的“好尚之笃，赏识之真”者。在《真赏斋

图65　文徵明《真赏斋图卷》（藏于上海博物馆）

铭》序文中，文徵明对华夏的珍藏一一序次：

法书之珍，有钟太傅《荐季直表》，王右军《袁生帖》，虞永兴《汝南公主墓铭起草》，王方庆《通天进帖》，颜鲁公《刘中使帖》，徐季海《绢书道经》，皆魏晋唐贤剧迹；宋元以下不论也。金石有周穆王《壇山古刻》，蔡中郎《石经》残本，《淳化帖初刻》，《定武兰亭》；下至黄庭、乐毅、洛神东方画赞诸帖，则其次也。图画器物，抑又次焉。然皆不下百数。

明嘉靖元年（1522），华夏将“真赏斋”中所收藏魏晋法帖，请文徵明、文彭父子钩摹，并由吴门刻石高手章简甫摹刻，然后墨拓成《真赏斋帖》。明人孙鑛跋《真赏斋帖》说：“章简甫乃迩来刻石第一手，尤精于摹拓，闻为华东沙刻此帖时，既填朱登石，乃更取原帖置面前，玩取形势，刻成后再校对，有毫发不似，必为正之。盖刻石而又兼手临者，以故备得笔意。”（图66）

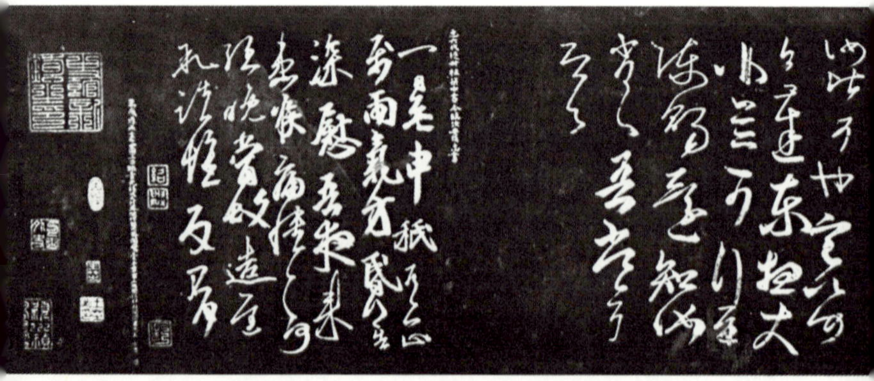

图66　真赏斋石刻

华秋苹：琵琶声出借云馆

图67　华秋苹像

华秋苹（1784—1859）（图67），名文彬，别号借云馆主人，琵琶演奏家，著有《琵琶谱》，是我国第一部正式出版的琵琶曲集（图68）。

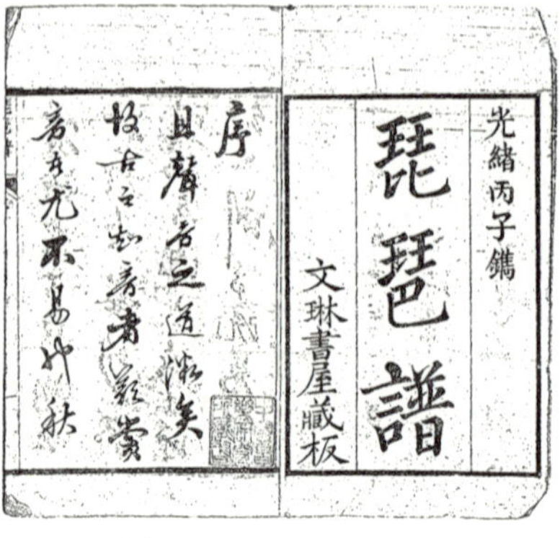

图68　琵琶谱

置身鹅湖美景、浸染古镇气息，再加上受家族文化熏陶，使得华秋苹具有极高的艺术禀赋。他书法擅草篆、绘画长工笔，酷爱金石篆刻，作品具汉代刻玉之神，苍劲秀美，汇有作品集《秋苹印草》。有记载显示华秋苹通医理、长喉科，他与弟弟文棫、文桂合著有《喉科四种》，当时流传甚广。

华秋苹尤其钟情诗文与音乐。清嘉庆二十一年（1816）春，他邀集兄弟族人结成诗文音乐社“二柳村庄”。春和日丽、清风拂面之日，诗文音乐社的成员或携琴挟笛，或袖诗卷文，相聚于古宅粉墙内，结伴于湖岸柳树下，酬唱抒情、陶醉丝弦。当时的画家陆晓云曾作《二柳村庄吟社图》，以志其盛。后来秋苹将诗社成员的作品辑录成《二柳村庄吟社诗卷》刻印刊行。他自己另著有《秋苹诗草》《秋苹词草》行世。

外出行医时，华秋苹会留意收集各种江南民间小唱。他把收集来的小调整理订谱，辑成《借云馆小唱》，为后人研究明清时期江南民间音乐提供了可靠资料，与他的另一本著作《南北二派秘本琵琶谱》一起列居近现代重要音乐典籍。

集琵琶古曲之大成的《南北二派秘本琵琶谱》三卷，整理考订于嘉庆二十三年（1818），是华秋苹对音乐艺术的最大贡献，也是我国第一部正式刊行的琵琶曲谱集，开创了近代最早的琵琶演奏流派——“无锡派”，有学者评价“他参照古琴的减字谱法，第一次拟定了比较完整的琵琶指法，对琵琶的定弦、把位、指法等加以规范化，这些都是华秋苹对琵琶演奏艺术的极大贡献。”

《琵琶谱》记录保存了琵琶演奏艺术领域最具代表性的《十面埋伏》，这首琵琶曲以单个乐器表现波澜壮阔的场面，在古典音乐中实属罕见。

《琵琶谱》前后出版三次，对后世研究琵琶古谱的学者产生了较大的影响。

咸丰九年（1859）四月初三，华秋苹在荡口逝世，终年七十三岁。他记录保存下来的琵琶曲谱却“嘈嘈切切错杂弹、大珠小珠落玉盘”，从荡口起音，响彻全国，继而成为世界艺术宝库中的一枝奇葩。

华君武：漫画为戟笔为器

图69　华君武照片

华君武（1915—2010）（图69），漫画家，荡口华氏山桂支癸圃分支后人。他一生创作发表漫画七百余幅，出版漫画、讽刺诗、文学插图、随笔散文集等三十余册。2001年，华君武荣获“中国美术金彩奖·终身成就奖”。

华君武的祖辈世居荡口黄石弄。其祖父是举人，育有三个儿子，长子华振，字倩朔；次子华龙，字紫翔；季子华鸿，字裳吉，即华君武的父亲。兄弟三人都在清末去国外留过学，被当地人称为“洋举人”。

华鸿曾与留日同学杨荫杭等在家乡创办无锡第一所以讲授自然科学为主的学校“理化研究会”，后去四川担任兵工厂会办，兼管火药厂制造业务。民国后，在奉天高等实业学校教书，后南下杭州，在浙江省药学专门学校（浙江大学前身）任教，是当时国内颇有名望的药学家。华君武于1915年4月出生在杭州。

因父亲早逝，华君武曾回荡口由祖母照顾，在荡口生活了大约一年时间。这期间，他得到了伯父华倩朔的悉心教导。华君武后来成长为著名漫画家，与他在荡口受到伯父的艺术熏陶密不可分。

华君武的第一幅漫画发表在浙江省立第一中学的校刊上。可是当他向正式报刊《浙江日报》投稿，却一连投了两百多幅作品都石沉大海。后来他在画上题了两句诗：“江南可采莲，莲叶何田田。”结果发表了。这第一幅公开发表的漫画，让华君武开始了毕生不舍的漫画人生。

在上海大同大学附属高中时，华君武通过投稿，逐渐认识了大名鼎鼎的丰子恺、叶浅予、张光

图70　华君武漫画

宇、鲁少飞等人。其漫画作品也频频出现在上海的各种报刊上，渐渐为读者所熟悉。（图70）

高中毕业后，华君武在一家私人银行当职员。20世纪30年代中期，面对黑暗局势，华君武画了许多颇具讽刺力度的政治题材漫画。这时期，他接触到斯诺的《西行漫记》等红色读物，书中关于延安的报道让他心生憧憬和热望。1938年，华君武怀揣左翼画家蔡若虹的介绍信，取道香港，星夜兼程投奔延安，来到“鲁迅艺术学院”。1940年，25岁的华君武光荣地加入了中国共产党。

1942年2月，华君武和蔡若虹、张谔举办三人漫画展，反响热烈，毛主席也来参观了。后来毛主席与三人见面会谈，提到三人漫画展上华君武的一幅《延河边上一棵树》。这幅画上意在讽刺只管种树不管养树的现象。毛主席说：“延河很长，哪一段不好，就说哪一段，不加说明，就成了延河边所有的树都没人管了。画漫画，要处理好局部与全局的关系。”主席的评论，是对漫画创作上避免片面性十分重要的指示，让华君武对毛主席《在延安文艺座谈会上的讲话》有了更深切的体会。他说：“毛主席《在延安文艺座谈会上的讲话》，给一大批延安文艺工作者的世界观以转折性的影响。我就以此为指导，有意识地使自己的漫画为人民服务，为工农兵服务。”

1990年，78岁的华君武携子女回到荡口，参观旧居故宅，祭拜华氏祖先。他还特地来到前身为果育鸿模小学的荡口中心小学参观访问（图71），殷切勉励学校师生。此后，华君武心系家乡，联系不断。2004年荡口中心小学百年校庆，年近九旬的华君武特地致函荡小校长以示祝贺：

图71　华君武回荡口

邹雪亮校长：

我是无锡荡口镇人，但我父亲在浙江医药专科学校任教时，我出生于杭州，因此和荡口只有两次往来，现在回忆，只记得美丽的水乡景色和华绎之的养蜂厂了。

今逢荡口中心小学成立百年庆典，我也将届90，不能远行祝贺，只能邮汇千元祝寿。祝小学为国家培养更多的小太阳。

专此致礼

华君武

29/10/2004

2010年6月13日，华君武在北京因病逝世。按其生前交代，丧事从简，不举行追悼会、告别式。身后数百幅漫画，在无情的嘲笑中揭露人事之可鄙、可恶与可笑，在善意的幽默中展示深刻的思想、阐释人生的哲理，给后人留下无尽的回味。

华明之、沈安娜：特工夫妻谱传奇

一百多年前，荡口华襄云闯荡上海，经过几十年拼搏，勤劳致富，遂回乡捐出500亩义田建“襄义庄”。他为家乡和族裔播下了“爱”与“善”的种子。而他的孙辈们，则把祖上传承下来的“爱心”与“善心”放大、升华，为推翻旧世界、建立新中国，把他们的青春和“大爱”“大善”全部献给了祖国和人民。

华明之（家骊），华襄云六子华国祥的长子，1913年生于上海，1983年在上海国际问题研究所离休，2003年于北京辞世，享年90岁。

沈安娜（沈琬），华明之妻子，1915年生于江苏泰兴，1983年在上海市国家安全局离休，2010年6月于北京辞世，享年95岁。（图72）

图72　华明之、沈安娜合影

华明之初中毕业后进入南洋商业高级中学就学。1934年，21岁的华明之参加了共产党秘密组织的“飞行集会”等活动。当年7月，经妹夫鲁自诚介绍加入共产党，并进入“中央特科”从事党的秘密情报工作。

沈安娜原本出身书香门第封建世家，为支持二姐沈伊娜反抗包办婚姻而离家出走来到上海，入读南洋商业高级中学，由此结识华明之。之后姐姐沈伊娜与华明之的战友舒曰信结为夫妻，进入了“中央特科”。1934年，沈安娜由于经济原因选择了收费低、学期短的中文速记学校学习速记。这年冬天，国民党浙江省政府要招一名速记员。根据中央特科领导王学文的指示，华明之和舒曰信夫妇让沈安娜去应试。刚过19岁生日的沈安娜被正式录用为议事科唯一的女速记员。1935年1月，沈安娜成为我党隐蔽战线“中央特科”的一名新兵。

当时中央红军主力开始长征，蒋介石指示浙江省政府“围剿”留在浙江周边的红军、游击队。肩负党的使命的“速记员”沈安娜，以速记为掩护，获取了这些情报，然后冒着生命危险将情报送到了王学文手中。为安全起见，王学文指示华明之前往杭州，指导、协助和掩护沈安娜的工作。从此，沈安娜获得的情报，全部经华明之细心整理、密写、密藏，再送到上海。

为了工作，两人装扮成情侣，在茶室会面、在西湖碰头，共同的革命理想和秘密情报工作让他们收获了爱情。1935年秋，华明之和沈安娜在上海举行了婚礼。

1937年，“八一三”淞沪抗战爆发，沪杭交通阻断，华明之、沈安娜随浙江省政府机关西撤，与上海党组织以及亲人失去了联系。直到1938年5月，夫妻俩才通过鲁自诚找到了八路军驻武汉办事处，与党组织接上了关系。武汉中共“八办”领导人周恩来、董必武、邓颖超等同志指示沈安娜利用原浙江省政府主席朱家骅的关系打入国民党中央党部。1938年10月，沈安娜拿到了国民党特别党员证，正式进入国民党中央党部秘书处的机要处，担任国民党中央常务委员会的速记员。中共中央又指示华明之在另一国民党机关谋职，以便密切指导、协助、掩护沈安娜的情报搜集工作。从此，这对革命夫妇在中共中央南方局常委吴克坚同志的直接领导下，开始了他们并肩战斗在敌人“心脏”的情报生涯。

1939年，经中共中央南方局组织部长博古（秦邦宪）特批，沈安娜成为一名潜伏在敌内高层的秘密共产党员。

1942年秋，他们的直接领导人徐仲航被捕。华明之、沈安娜陷入了一生中最痛苦、最难熬的岁月。他们在10平方米的斗室中盼着党组织派人前来。联系虽断，但工作还要继续，两人一如既往地进行情报的搜集、整理、密藏，当情报失效，又不得不亲手销毁。沈安娜还拒绝了中央党部为她调换住房的安排，就是怕“万一党组织找不到怎么办？”

1943年，为了更好地掩护自己，沈安娜进入宋美龄主持的“新生活运动妇女指导委员会”，兼任宋美龄的速记员。宋美龄成了华明之、沈安娜又一把“保护伞”。

1945年抗战胜利后，周恩来和李克农委派吴克坚到上海开展秘密情报工作。吴克坚先在重庆找到“蛰伏”了三年的华明之、沈安娜。恢复了与党组织联系的华明之夫妇，及时向上级报送了国共和谈期间国民党的阴谋以及蒋介石妄图挑起内战等重要情报，并于1946年因这一时期“迅速、准确”的情报得到了周恩来的嘉奖。

1946年5月，华明之、沈安娜随国民党“还都”南京。1948年4月14日，国民党《中央日报》发表了一张蒋介石在国民党中央党部礼堂主持会议的照片。主席台后排右侧那个年轻女速记员，正是被我们今天称为“按住蒋介石脉搏的人”——沈安娜。（图73）

图73 沈安娜在蒋介石身边记录

1949年4月，党组织指示华明之、沈安娜脱离“虎口”。1949年5月，上海解放，他们离开南京走到了“地上”，长达14年的地下谍报生涯终告结束。

新中国成立后，华明之被陈毅市长亲自点名，去上海市军管会报到，并被任命为上海市重工业处副处长，后调任上海市国际问题研究所副所长、党组书记。沈安娜则进入中共中央华东局，参与军委联络部上海联络局的筹建工作。

1983年7月，华明之、沈安娜在北京中南海西花厅受到邓颖超同志接见。邓颖超夸赞他们："一个在'台前'，一个在'台后'，配合得很好，做出了特殊的贡献。"

1984年，吴克坚在回忆录中写道："沈安娜、华明之夫妇深入虎穴，面临险境，胆大心细，沉着应战，严密纪律，长期埋伏。为党提供了许多有价值的情报，从未出过差错，未被敌人觉察，完成了别人无法替代的任务。"

1989年，原中央调查部部长罗青长称赞沈安娜、华明之是隐蔽战线引以自豪的无数无名英雄之一。这一年，沈安娜获国家安全部为长期坚持在隐蔽战线作出贡献的无名英雄颁发的荣誉奖章及荣誉证书。

华明之、沈安娜都于1983年离休，离休后又先后被聘为国家安全部咨询委员。2003年华明之去世，"老华走了，没有人和我一起讨论时政了，好在女儿天天来看我，使我觉得不那么孤独。"沈安娜还请画家画了一幅《荷趣图》，一大片荷叶中藏着小小的荷花。"老华总说，我是'红花'，他是'绿叶'。我要永远依偎在他身旁！"

现在，作为华明之、沈安娜祖居的襄义庄已由当地政府修缮一新，目前正在陈列布展阶段，今后将系统展示华氏后裔甘居幕后、不怕牺牲的丰功伟业。

王莘：歌始荡口唱祖国

“五星红旗迎风飘扬，胜利歌声多么响亮，歌唱我们亲爱的祖国，从今走向繁荣富强……”

图74　王莘像

这首脍炙人口的《歌唱祖国》，传唱了半个多世纪，有着“第二国歌”的美誉。它的词曲作者王莘（1918—2007）（图74）是一位从荡口走出去的人民音乐家，早年投身革命，解放后身兼数职，曾多次携家人回到荡口，受到家乡人民的热情欢迎。

王莘6岁那年进入荡口施德女子小学。那是一所兼收男生的教会学校，课程设国文、算术、常识和唱歌。王莘最喜欢唱歌，在他晚年的时候还能记得当时学的第一支歌是黎锦晖的《可怜的秋香》。

清雅的丝竹乐，向来是江南水乡的标志之一，也勾起了王莘对音乐的强烈兴趣。每逢庙会盛事，那游行队伍中的琴音箫声，总是令王莘痴迷不已。王莘有个姐夫叫朱英才，琴棋书画样样精通。王莘便缠着姐夫要求学琴。姐夫很喜欢这个聪明的小舅子，就拿出二胡，教他识谱操琴。一开始他父亲王锦亭并不赞成王莘学琴，姐夫便教他用竹筷做琴马，压低琴声，再将琴箱夹在两腿之间，使声音更低。就这样，他每天放学回家，便躲在房间里偷偷练琴，很快学会了《梅花三弄》《杨柳青》等曲调。

三年后，王锦亭让儿子转入华氏创办的怀芬小学。怀芬小学师资力量强，课程也更丰富。王莘的艺术天赋在这里得到了更好的发展，不仅喜爱唱歌，也喜欢上了绘画，家里到处贴满了他临摹的《三国演义》《水浒传》人物像。

1930年，王莘小学毕业，因家贫，放弃了进入无锡县立中学继续学习的机会。1932年的秋天，14岁的王莘经亲眷介绍，到上海先施公司学生意。1935年，“一二·九”运动爆发，北平学生举行示威游行和总罢课，强烈要求“停止内战，一致抗日”。音乐家冼星海、吕骥等人在上海发起组织“抗日救亡歌咏队”。王莘满怀激情积极参与，结识了一大批进步音乐人士。随后王莘去宁波基督教青年会主持暑期补习学校的音乐工作，他与当地青年会会长倪德昭等人利用两个月的时间，组成了两百多人的歌咏队，在基督教青年会礼堂演出《放下你的鞭子》等剧，高唱《义勇军进行曲》《打回老家去》等救亡歌曲，轰动宁波城。警察将抗日歌咏队骨干抓进了拘留所。王莘一口咬定自己是基督教徒，最后经倪德昭等进步人士疏通才被释放。

在中共地下党的安排下，他暂避余姚，由马承烈安排住进了一所宽大的祠堂里。当晚，一群年轻人重新成立了一支抗日宣传队，决定一起奔赴延安。到延安后，王莘进入鲁迅艺术学院音乐系学习。离开鲁艺前，老师冼星海将自己在法国留学时获奖所得的一支自动铅笔送给了王莘。

1950年9月下旬，王莘出差北京，来到天安门广场。只见城楼装饰一新，五星红旗高高飘扬，一群少先队员正在排练国庆游行节目。长空如碧、阳光照耀，庄严的天安门披着灿烂的光辉。国旗、鲜花、鼓乐，组成了欢乐的景象。王莘望着眼前的一切，思绪飞到了“战斗中的炮火”“奔腾的黄河长江”“忙碌的工厂农村”中，甚至飞到了祖国辉煌的未来。在返回天津的火车上，王莘脑海中不断闪现天安门上红旗翻卷的壮丽场景，强烈的创作冲动迫使他随手捡起一个空烟盒拆开，在反面奋笔疾书，并断断续续地念叨着写出的歌词。几天后，他在钢琴上演奏出了这首《歌唱祖国》。通过去工厂和学校试唱推广，《歌唱祖国》很快传到了北京。1951年，在全国政协一届三次会议上，王莘作为文艺界代表列席。当毛泽东得知他就是《歌唱祖国》的词曲作者时，夸赞说“这首歌好”，并送给王莘一本刚出版的《毛泽东选集》，还签上了名字。9月2日，周恩来总理发布中央人民政府令，在全国广泛传唱《歌唱祖国》。《歌唱祖国》词曲先后在《人民文学》《人民日报》发表，继而在中央人民广播电台播放。《人民日报》将《歌唱祖国》纳入了国庆节期间的群众歌咏曲目（图75）。

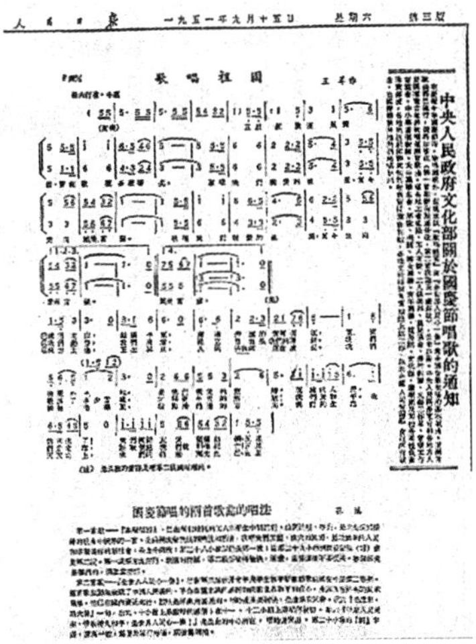
歌唱祖国 王莘

中央人民政府文化部關於國慶節唱歌的通知

图75 人民日报刊《歌唱祖国》

1980年5月19日，《歌唱祖国》正式作为中央台每天新闻联播节目的开始曲和全天节目的终了曲。这扣人心弦的进行曲，唱遍祖国大地，远播世界各地。1986年，王莘获鲁迅文艺奖。1989年，中国唱片公司授予《歌唱祖国》最高荣誉——金唱片奖。王莘的老师吕骥说：“我们应该承认它在一定程度上生动地体现了我们民族今天最本质的意向，既忠实反映了今天的生活现实，又充满对未来的信心。广大人民群众接受了，并且乐于接受，这就是实践的可靠检验。”

2007年10月15日，王莘在天津病逝。仿照他在天津的寓所建造的二层灰色青砖西式小楼，静静地矗立在荡口古镇景区内，表达着对这位优秀音乐家的崇高敬意。

王莘一生创作了近千首歌曲和多部歌剧，但他却说："……我认为我一生只写了两首歌曲，一首是用音符谱写的《歌唱祖国》，另一首是我用心灵谱写的《歌唱祖国》。"

第二节　科技精英 造福乡梓

千百年来，荡口也涌现了一批科技、实业等领域的精英。发展并传播活字印刷的华燧、华坚，数学家、教育家、实业家华蘅芳、华世芳两兄弟，刺绣名家华璂，实业家华绎之，史学四大家之钱穆，钱伟长院士，无不在各自领域有着杰出建树。

华燧、华坚：会通印刷传天下

我国的活字印刷术起源于北宋毕昇发明的胶泥活字印刷，是中国古代四大发明之一。宋末元初的木活字印刷，把活字印刷引向了新的技术平台。至明弘治年间，荡口华燧造出铜活字模，并印成《会通馆校正宋诸臣奏议》五十册及其他书籍，这是继泥活字印刷发明以来，印刷技术的又一大飞跃，是中国印刷术成熟发展的重要标志。

华燧（1439—1513）（图76），字文辉，号会通，荡口华氏始迁祖贞固玄孙，自幼涉猎经史，中年时爱好校勘书籍。他发现前人流传下来的著作未必都是善本，不加订正会让谬误流传，便萌生了自己印善本的念头，就在家中辟印书作坊，名“会通馆”。

图76　华燧像

起初华燧采用了木活字印刷技术，但木刻活字容易受潮变形，华燧便琢磨改变材质。经过多年对比试验，最终采用了铜字模并获得了成功。

弘治三年（1490），会通馆用铜活字印刷了《宋诸臣奏议》150卷50册（图77），是我国现存最早用铜活字印行的典籍。随后，华燧又排印了《锦绣万花谷》《容斋随笔》《文苑英华纂要》等十余种书籍以及他自己撰写的《九经韵览》和《十七史节要》。书籍中缝上方印有印刷年份，下方印有“会通馆活字铜版印”字样。除最早的《宋诸臣奏议》尚显粗糙外，其余版本纸墨精良、印制精美，印数可观，其中多数典籍的印刷时间早于一五

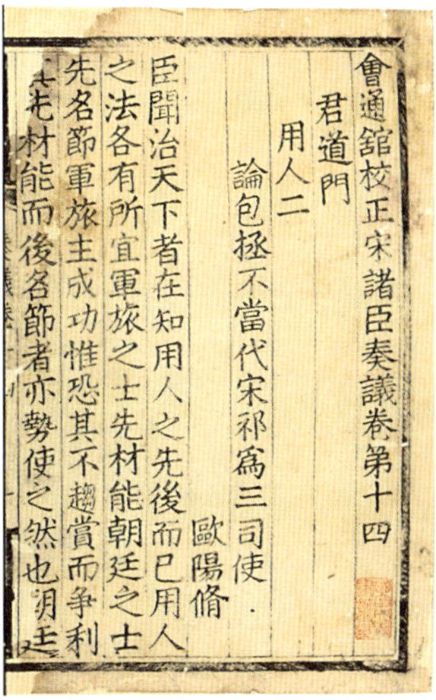

會通館校正宋諸臣奏議卷第十四
君道門
用人二
論包拯不當代宋祁爲三司使　歐陽脩
臣聞治天下者在知用人之先後而已用人
之法各有所宜軍旅之士先材能朝廷之士
先名節軍旅主成功惟恐其不趨賞而爭利
先材能而後名節者亦勢使之然也朝廷

图77　《会通馆校正宋诸臣奏议》

○○年。清华大学历史系博导李伯重教授在《明清江南的出版印刷业》一文中赞誉华燧的铜活字堪比欧洲金属活字“摇篮本”。

中国国家图书馆善本特藏部现珍藏会通馆印本有《宋赵汝愚辑正本诸臣奏议》《锦绣万花谷》《容斋随笔》等六百六十余卷以及华燧辑《会通馆集·九经韵览》。

当时的南京礼部尚书邵宝有《会通君传》，吏部尚书乔宇也有《会通华处士墓表》。

华珵（1438—1514），华燧族叔，官至光禄寺署丞，和侄子华坚，都致力于金属活字印刷，钟情于印书刻本并都有杰出建树。

以华燧为代表的荡口铜活字印刷家，其印书初衷，是为校正典籍，以广其传，却形成了群星璀璨的文化奇观。这些铜活字印本书，流布四方，震动海内，影响远至日本，更重要的是，这些书是明代无锡的特殊商品。铜活字印刷的先贤们更没有料到，如今的荡口人，继承发扬传统，开办起数以百计的印刷企业，使荡口成为遐迩闻名的“彩印之乡”。

华蘅芳、华世芳：数学双星黄鹄志

华蘅芳（图78）（1833—1902），字畹香，号若汀，晚清著名数学家、翻译家和教育家，我国近代科学的先行者和传播者。

华蘅芳幼年时在父亲的督促下，打下了扎实的文字与国学根底，但受到鸦片战争后“师夷长技以制夷”等“经世致用”社会新思潮的影响，他逐渐厌恶八股文的陈腐，无意于科举功名，正如其《感怀》诗云：

图78　华蘅芳像

谩恃高才能倚马，终教绝伎等屠龙。
灵砂果得还丹术，愿谢人间万户封。

十五六岁时，华蘅芳“偶于故书中捡得坊本算法”《算法统宗》，仔细琢磨后，尽通其义。父亲发现华蘅芳对算学的浓厚兴趣后，全力支持儿子在“有裨实用”的算学路上钻研前行。华蘅芳因此一头扎进算学的海洋，“案头所置者，惟百廿名家制义及古今算学之书，日夕浏览，舍此则取彼，舍彼则取此”，“始知算学有古今中西之异同。”

后来华蘅芳与年长自己十五岁的徐寿结成忘年之交，“叩门话夙昔，相交略形迹。置酒叙离杯，挑灯度永夕。”他们同赴上海墨海书馆拜访数学家李善兰，结交学者容闳和外国传教士伟烈亚力、傅兰雅等人，并且通过墨海书馆和这些友人，将西方近代科学知识逐渐翻译介绍进我国。

华蘅芳和徐寿不断学习、了解新科技，还通过实验来证明这些知识。粗糙的实验方式，成就了华蘅芳的第一部数学论著《抛物线说》，书中插图，均为徐寿绘制。

咸丰十一年（1861）夏，太平军战火烧及荡口，华翼伦带领全家逃往上海，寓居虹口。不久徐寿一家也到了上海。时局动荡，华蘅芳和徐寿两人更加坚定了以“格致之学”经世致用的决心。适逢洋务派首领曾国藩筹建“安庆内军械所”，闻听华蘅芳和徐寿的才华，遂派江苏巡抚薛焕邀请两人加盟。

当明了这位两江总督创办安庆内军械所是“枪炮与轮舟二者兼营并举”，立足于御侮自强，华蘅芳欣然接受设计制造机动轮船的任务。徐寿也很快带着儿子徐建寅“参与其事”。

华蘅芳“推求原理，测算汽机”，绘出图样，徐寿父子则领着工匠按图进行“巧慧绝伦”的制造。经过三个月的努力，试制出汽机模型，于同治元年（1862）七月送至总督衙门。对此，曾国藩在日记中作了记录：

华蘅芳、徐寿所作之火轮船之机来此试演。其法以火蒸汽贯入筒，筒中三窍。闭前二窍则入前窍（应为后窍），其机自退而轮行上弦；闭后二窍则汽入后窍（应为前窍），其机自进而轮行下弦。火愈大则愈盛，机之进退如飞，轮亦如飞。经试验一时。窃喜洋人之智巧，我中国人也能为之，彼不能傲我以其所不知矣。

同治二年（1863）十月，华蘅芳和徐寿造成一艘长约三丈，使用暗轮的小型木制机轮船，但未获成功。曾国藩在“新造轮船折”中也记载了这件事：“同治二年间，驻扎安庆，设局试造洋器，全用汉人，未雇洋匠，虽造成一小轮船，而行驶迟钝，不甚得法。”

华蘅芳和徐寿通过改进，于十二月再次进行试航，取得了成功。曾国藩亲自登船参加航行，他在当天的日记中写道：

新造之小火轮船，长约二丈八九尺，因坐至江中行八九里，约计一个时辰可行二十五六里。试造此船，将以次放大续造多只。

同治四年（1865），华蘅芳和徐寿终于成功设计制造出我国第一艘明轮蒸汽机动船。曾国藩之子曾纪泽给这艘船取名“黄鹄”号（图79）。当时在

图79　黄鹄号模型

上海出版的英文《字林西报》派出记者进行采访，并作了如下报道：

本文记述的中国第一艘轮船，不假外人（洋人）之手而造成的故事……显示中国人具有机器天才的惊人实例……此船航行于扬子江，在不足十四小时间逆水行二百二十五华里，回程顺行八小时。就此中国人创造之成功，其中细节，有足发人兴趣者……载重二十五吨，船长五十五华尺……全盘结构中仅有之外洋材料，为用于主轴、锅炉及汽缸配件之铁。此种铁料采购自舶来之铁条及铁板，因土产者不能视为十足可靠之故。全部工具器材，连同雌雄螺丝、螺丝钉、活塞、汽压计等，均系徐寿父子亲自监制，并无外洋模型及外人协助。一瞥此机之粗糙与原始的制造方法，便能审知上述事实之了无可疑。

同年，华蘅芳与徐寿前往上海“襄办江南制造局局务”。经过一年时间，我国自行制造的第一艘大型兵舰终于在同治六年（1867）七月下水了。“长十八丈五尺、阔二丈七尺五寸”，“汽炉、船壳两项，均系厂中自造，机器则购买旧者整修参用”。试航那天，沪上百姓奔走相告，纷纷来到江边观看。翌日，各种报刊都在显著位置报道了这个消息。九月，曾国藩登船由南京下关驶往采石矶，对逆水上行七十余里，顺水下行一百二十余里的时速十分满意，亲自给这艘兵船命名为“恬吉”号。

恬吉号揭开了我国自主制造兵舰的史页。

此后十年，华蘅芳与徐寿一直在江南制造局专注于兵船制造，相继造出了测海号、威靖号、海安号、金瓯号等一批军舰。华蘅芳还根据徐寿翻译的《化学鉴原》所述制造“镪水”的方法，试制硝酸制造火药，以降低成本。同治十二年（1873），华蘅芳被任命为江南制造局提调。

同治七年（1868）四月，江南制造局翻译馆开馆，华蘅芳和徐寿父子担任翻译委员。此前华蘅芳已与美国传教士玛高温合作翻译出版了矿物学书籍《金石识别》。华蘅芳不懂外文，玛高温不精汉语，那段时间华蘅芳“挟书卷袖纸笔，徒步往来，寒暑无间，风雨不辍，汗不得解其衣，咳不得涕吐”，乐此不疲。翻译馆成立后，华蘅芳再度携手玛高温翻译地理学著作《地质浅释》，其中的“均变论”，被视作达尔文“进化论”的先声，不仅启蒙了我国的地质学科，其影响还波及思想文化界。梁启超、鲁迅等人都曾受该书启迪。接着，华蘅芳又与美国人金楷理合译了《御风要术》，与英国人傅兰雅合译了《防海新论》。

光绪二年（1876），傅兰雅和徐寿等人筹建格致书院，华蘅芳担任教习。讲课之余，他与傅兰雅合作，先后译出《三角数理》《代数难题解》等，还编写出版了《开方古义》《算法须知》《数根术解》《积较术》《学算笔谈》等著作。其中《决疑数学》经数学家周达（美权）校勘印行，成为当时学习和研究概率论的唯一读物。

随后不久，四十五岁的华蘅芳任天津机器局提调，在东局负责技术工作，后又回上海担任格致书院山长。这个时候的华蘅芳，对科学技术已经达到了博涉贯通的地步。光绪十三年（1887），应李鸿章邀请，华蘅芳前往天津武备学堂任算学教习，直至父亲逝世。随后回格致书院任教习。光绪十八年（1892），华蘅芳以花甲之年，应湖北武昌两湖书院和自强学堂聘请主讲数学。光绪二十四年（1898），华蘅芳出任好友杨模创办的无锡竢实学堂总教习，这才叶落归根，回到了无锡。

此时的荡口，仍是几十年前的模样，但父母不在了，妻子邹佩兰也不在了。作为晚清一代数学宗师，在继制造、翻译、著作之后，华蘅芳甘为“人梯”，“果如春蚕”，为培养数学人才鞠躬尽瘁，于光绪二十八年（1902）辞世。

图80　华世芳像

华世芳（图80）（1854—1905），字若溪，近代数学家、教育家，比华蘅芳小十一岁，“年十八，入邑庠。已上下古今，泛览百氏，无不贯”。受兄长影响，华世芳也对算学产生了浓厚兴趣，苦读经书之余，把哥哥“所藏之书面披览之，因尽得窥其奥”。华世芳二十五岁时就为华蘅芳与傅兰雅合译的《代数难题解》作校核，其出色的数学能力由此可见一斑。

光绪十年（1883），华世芳撰写了数学史书《近代畴人著述记》，华蘅芳曾指出自十八世纪的《畴人传》和十九世纪的《续畴人传》问世后，数十年间“算学日新月异……若不亟为之传，未免为算学中一件大缺陷之事”，华世芳此书算是弥补了这一遗憾。第二年华世芳又出版《答数界限》和《连分数学》两本，后合为《恒河沙馆算草》。华蘅芳为《恒河沙馆算草》写序赞曰：

观弟之所著实能阐中西之秘，而发前人所未有之奇，是可喜也……弟之算学乃不可限量者也。

光绪二十年（1894），华世芳任湖北武昌自强学堂数学教习。光绪二十二年（1895），受江苏学政黄体芳之召，主讲于常州龙城书院和江阴南菁书院，“以经、史、舆地、算学四课士，悉心指授，士论翕然”。是年“登拔萃科，就职直州判，名誉益著。”光绪三十年（1904），华世芳担任上海南洋公学（今上海交通大学）总教习，旋又赴北京任清政府商部高等实业学堂算学教习。

华世芳是一位优秀的教育家，他自编数学讲义，章节清晰逻辑分明，亲手绘制辅助图表，一丝不苟、精益求精；课程讲授“务以详明晓畅、启发后进为职志”。他深明“身教重于言教”之规律，以自己勤勉踏实的为学作风感染学生，受业弟子学风蔚然，造就成才者众多。惜积劳成疾，到商部高等学堂任课不到一年，华世芳即因肺病于光绪三十一年（1905）逝于任上，年仅五十二岁。

华瑛：小针绣出国宝来

图81　公鸡图

华瑛（1869—1940），字图珊，别号迦陵馆主，数学家华蘅芳之女，刺绣家，代表作《卧在稻草上的雄鸡》（图81）获1915年“巴拿马太平洋万国博览会”金奖。

华瑛在书香翰墨环境里成长，既受传统文化的熏陶滋养，也有机会接触西方文化艺术。她自幼喜爱书画，刺绣。书画颇得祖父华翼伦真传，技艺不俗，刺绣则以山水风景、飞翎走兽见长。

光绪三十二年（1906），华瑛在鹅湖女校教授刺绣。此后几年，她在教学实践中积累经验，刺绣技艺不断提升，为日后锡绣走向世界奠定了扎实的基础。宣统二年（1910），在南京举办的第一次南洋劝业会上，华瑛和妹妹华玙合作的《山水绣件》

获金牌奖。《南洋劝业会研究会报告书》在刺绣专论中指出：金匮华璂华玙绣品名誉素著，物殊不恶，乃研究已有年，于经验上得绝大之进步，且善画，故其作尤超出寻常之上，实比湘绣苏绣为优。

1915年2月，华璂的绣品《卧在稻草上的雄鸡》，因构图巧妙、绣艺精美，在旧金山一举荣获巴拿马太平洋万国博览会金奖，“锡绣盛称于世，不惟国人知之，薄海内外靡不知之”。

1938年，华璂对自己半个多世纪的实践经验进行了梳理，与许频韵合著《刺绣术》（图82）一书，由商务印书馆出版。这是继丁佩《绣谱》、沈寿《雪宧绣谱》后，我国刺绣史上的又一部刺绣技法专著。这本书不同于《绣谱》和《雪宧绣谱》的最大特点，是它直接服务于刺绣的专业教育，“吾国绣科，向未有专门教科书，编者以实地经验之余，辑为是书，并附教授略法于后，事属草创”，“专供职业学刺绣科教学之用”。《刺绣术》详尽地论述了光绪三十四年（1908）以来由沈寿和华璂创立的新法刺绣，“新绣法通于画理，注重象真，其

图82　刺绣术封面

要在合光线，配虚实，惟理法较繁”，“为旧绣法所无，乃采用东西洋绣法而参以吾国绣术，删繁就简，使成工速而富于美观。”书中强调，新法风景绣的要诀是通过巧妙的针法，运用绣线丝光的材质美来真实反映物象的自然美。在今天来看，这仍然是非常先进的刺绣艺术理论。《刺绣术》经职业教科书委员会审定，十年间再版了三次。

华璂流传于世的两幅珍品为故宫博物院、南京博物馆收藏。苏州刺绣研究所收藏有华璂的风景绣《秋》，以法国风景油画为稿本，放针自由，栩栩如生。无锡市中华绣品厂原来也有一件华璂的风景绣，后佚失。其家属收藏的《群猫图》和《春夏秋冬》（花卉四屏条），皆毁于“文革”。另有零星作品散落民间。

图83 《美术》杂志介绍华璂

1937年上海“八一三”事变后，华璂为避战乱而回到了荡口，不久便因糖尿病逝世，享年七十一岁。这位从荡口走出的刺绣名家，承传创新，自成一派，其风景绣在中西艺术交融方面做出了骄人业绩，很好地体现了吴地文化的务实、灵动与开放的气度，为锡绣乃至中国传统刺绣的发展做出了杰出贡献（图83）。

华绎之：亦商亦儒开新篇

华绎之（图84）（1893—1956），名士巽，以字行，六岁时父亲去世，由祖父华鸿模培育成人。由于家学渊源深厚，又先后就读于祖父开办的果育学堂及常州府中学堂，得众多名师教导，旧学新学兼收并蓄，华绎之养就了开阔大气的胸襟和务实灵活的头脑。

图84　华绎之

宣统三年（1911）华鸿模去世，18岁的华绎之继承祖产，从事实业经营。他兴建了仁昌、宏东等大型堆栈，成倍地拓展了祖父的仓储业和房地产业，还创办了一种新型的货物抵押贷款业务。祖孙俩抓住无锡米市空前发展的机遇发展仓储业和货物抵押贷款业务，既获得了巨大的经济收益，又对无锡发展成为全国四大米市之一，形成以米、布、丝茧为主要交易内容的无锡大商市，发挥了重要作用。

华绎之在堆栈仓储及货物抵押贷款业务获得成功后，开始涉足工业企业。他独资开办宏余丝厂、宏绪丝厂和宏泰茧栈，并参与投资荣氏、唐氏集团的企业，如申新纱厂、庆丰纱厂等。

抗战时期，无锡丝厂遭受日本侵略者的大肆破坏。华绎之联合无锡地区大小丝厂，一同向日本军政当局交涉，保全了大部分丝厂产业以及乡村养蚕事业，为抗战胜利后本地区蚕丝工业的恢复保留了一定的基础。

华绎之作为一个工商业者，其最具开创意义的事业，是养蜂业方面的实践和业绩。他一方面出资派昆虫专家冯焕文到美国考察学习，一方面自己东渡日本考察养蜂事业。

1918年，华绎之在江南一带兴办蜂场，推广养蜂。1921年，又在冯焕文的支持下，于上海创办华绎之蜜蜡公司，经营蜂产品、蜂种和养蜂工具，传授养蜂技术；设蜂场于荡口，并在周边地区设立分场扩大规模。蜂场规模极大，曾向美国出口种蜂。他还出版《蜂蜜之效用》一书，普及新式科学养蜂技术。他的养蜂技术在苏、浙、沪、闽、粤等地被广泛推广运用。

华绎之还派遣专家出国学习养鸡、养奶牛和果树种植栽培等先进技术，在荡口创办农场，引进整套先进设备。毫不夸张地说，20世纪初叶的华氏农场，从经营理念到技术规模，都足以代表中国农副产业的最高水准。

有着“无锡第一隐富”称号的华绎之，并不刻意资产积聚，而是“义利并重”，回报乡人和社会。早年华鸿模在无锡城里兴办堆栈，利润也是全部拿回家乡，加上他在荡口的一栋小洋楼，创办果育学堂。祖孙两人，在荡口广行善举，捐助了新学、义庄、水利等社会事业，促进了地方经济文化的发展和繁荣，实乃近现代锡商的典范。

华绎之还雅好书画鉴藏，多有巨迹。2014年，华绎之之子华仲厚先生秉承乃父遗志，化私为公，将包括宋代惠崇《华溪会禽图》（图85）、元代崔彦辅《虎丘图卷》（图86）、明代华察亲笔手迹等213件珍贵文物，全部无偿捐赠给无锡博物院，成就一段收藏佳话。

图85　宋惠崇《华溪会禽图》（藏于无锡博物院）

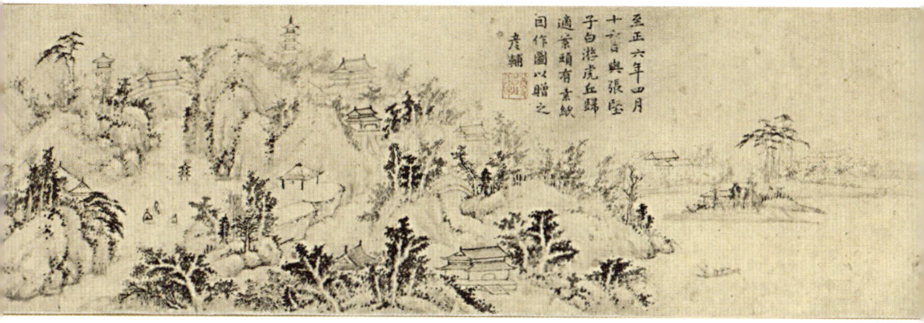

图86　元崔彦辅《虎丘图卷》（藏于无锡博物院）

华鸿模、华绎之这样的锡商，在探索创建现代企业运营机制的过程中，不仅学习吸收西方的先进生产技术，同时还将其现代管理理念与本国文化融会贯通，因地制宜，逐渐形成一套尊重、兼顾各方利益的经营模式，开创了当时区域工商业协调竞争、合作共赢的繁荣局面。

钱穆：教育淑世自成才

图87　钱穆像

钱穆（图87）（1895—1990），字宾四，晚号素书老人，鸿声七房桥人，现代著名历史学家、思想家、教育家。中国学术界尊之为“一代宗师”，与吕思勉、陈垣、陈寅恪并称为“史学四大家”。

钱穆七岁那年，父亲从荡口请来一位华姓塾师，教钱穆识字。钱穆悟性极高，几天后一日教生字六七十个，于他竟毫无障碍，不久便读《大学章句·序》。年底塾师因病不能继续执教，钱父又到荡口访得一位家住克复堂东的华姓老师。这期间，七房桥老宅不幸失火，钱承沛索性举家迁居荡口，租住在克复堂西边。新聘的这位华姓老师不仅教四书五经，还讲《史概节要》和《地球韵言》，涉及古今中外的历史、地理，让钱穆兴趣倍增。不久，老师患病停塾，钱家又迁居至大场上北面一座三开间二层向北小楼。这段时间，8岁的钱穆竟日读书，自谓“常藏身院中一大石堆后，背墙而坐。天色暗，又爬上屋顶读之。余目近视，自此始。”

清光绪三十年（1904），华鸿模创办果育学堂，钱承沛遂让钱挚、钱穆一起考入这所新式学堂，分别进入高级小学和初级小学的一年级就读。果育学堂办学理念先进，师资力量雄厚，钱穆在这里受到良师教诲，又接触到新学，奠定了他日后学术研究、事业发展的基础。光绪三十二年（1906），钱承沛过世，钱家从大楼搬迁至后仓浜果育学堂隔壁的一所华姓住宅。

果育学堂的教员，音乐老师华振（倩朔）对钱穆成长影响最大。（图88）他早年留学日本，毕业于应庆大学，回国后编创歌唱教材，由商务印书馆出版后行销全国。钱穆在八十岁高龄时还能唱华老师教的《西湖十景歌》，对其中描写秋景的一段歌词印象尤深。钱穆升入二年级时，华倩朔跟班随升教国文。一次，华倩朔以“鹬蚌相争”为题命学生

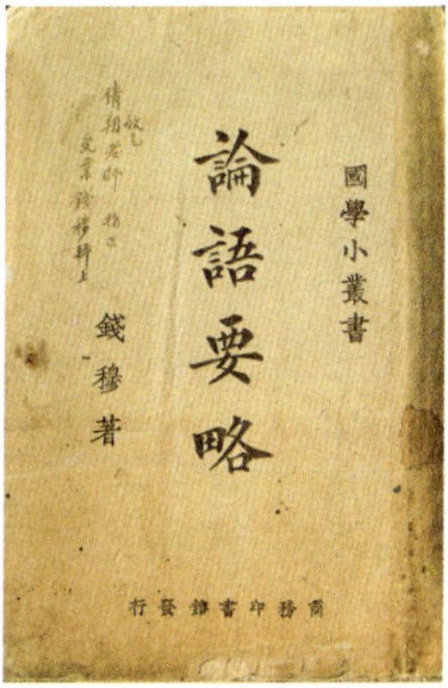

图88　钱穆赠华倩朔书

作文。钱穆结合战国事例表达了对该成语的独到见解，结尾写道：“若鹬不啄蚌，蚌亦不钳鹬。故罪在鹬，而不在蚌。”华倩朔阅后大为赞赏，特别夸奖钱穆文章结尾“如老吏断狱”，干脆利落。还特地奖励钱穆一套《太平天国野史》，成为钱穆通读的第一部史书。

在钱穆的《师友杂忆》中，还忆及华倩朔的弟弟华紫翔：“余至晚年始深知人才原于风俗，而风俗可起于一己之心向。则亦皆是紫翔师在余童年之启迪，有此发之也……余每治一项学问，每喜从其历史演变上着眼，而寻究其渊源宗旨所在，则亦从紫翔师此一暑期讲习班上所获入也。”华紫翔选授朱熹、王阳明的《大学章句序》和《拔本塞源之论》，言简意赅的讲解，让原本对理学知之甚少的钱穆产生了浓厚的兴趣，成为钱穆理学研究的源头。

光绪三十四年（1908），13岁的钱穆和兄长钱挚一同考上常州府中学堂，和瞿秋白、刘半农、刘天华同学。华鸿模不仅资助路费，还特意派助手率船亲临荡口，护送八名学生赴常州上学。钱穆后来在《华君绎之家传》中盛赞这位果育学堂创办人“雄于财，而乐善好施，得一乡爱戴”。

回家后钱穆先是到离家七八里之外的秦家水渠三兼小学校任教。1913年，华绎之接办祖父的果育学堂，并将其更名为华氏私立鸿模高等小学校，遂将小学及常州府中学堂的同学钱穆聘到鸿模小学校任教。

1914年夏，“无锡县创办六所高等小学，梅村镇得一所，为县立第四高等小学。”校长华澄波邀请钱氏兄弟同往任教，钱穆仍兼鸿模小学的课程，每周往返于荡口与梅村之间，一年后才专任梅村四小。

后七房桥老宅二度遭遇火灾，钱穆全家再次搬回荡口。最困难的时候，华倩朔曾将自家宅第前院借给钱穆一家居住达一年。1916年，钱穆一家又搬至西北街义盛桥旁华子仪住宅居住，直到1928年迁入黄石弄。

1918年，钱穆回鸿模小学专任一年。1919年离开荡口，先后任教于泰伯第一小学、无锡县立第一高等小学、厦门集美学校、无锡省立第三师范、苏州省立中学等学校。执教的同时，钱穆完成了中国近代学术史上的名著《先秦诸子系年》。当时已闻名史学界的顾颉刚读了这本著作后，认为“君似不宜长在中学中教国文，宜去大学中教历史。” 从1930年开始，在顾颉刚的推荐下，钱穆北上燕京大学就任国文讲师，从此离开荡口，成长为一代史学大家。

1975年，80岁的钱穆写下《八十忆双亲·师友杂忆》，其中多处回忆起少年至青年时在荡口的学习和生活，流露出对亲人、师友的深深思念。钱穆没有念过大学，没有出国深造，一生著作等身，毕生致力国学并以教育为业，诲人不倦，是从荡口走出的一位当之无愧的“国学大师”。

钱伟长：弃文从理成院士

图89 钱伟长像

钱伟长（图89）（1912—2010），科学家、教育家，杰出的社会活动家，中国科学院院士，兼长应用数学、力学、物理学、中文信息学，在弹性力学、变分原理、摄动方法等领域皆有重要成就。

1914年至1915年，鸿声七房桥村钱宅两度失火。祖父钱承沛只得举家迁往荡口。钱伟长4岁在私塾开蒙，5岁入荡口复盛（端初）小学学习《论语》《诗经》等儒家经典。而一家人租住荡口，经常搬家。钱伟长7岁时，全家搬到西北街的华子仪住宅，他便转入司署弄小学。1919年，四叔钱穆在泰伯乡第一小学任校长，钱伟长转学至该校就读。1922年，钱穆离开家乡赴厦门集美学校任教，钱伟长又转回荡口司署弄初级小学。1923年，12岁的钱伟长升入荡口鸿模小学高小一年级。鸿模小学的前身为华鸿模所办私立果育学堂，鸿模孙华绎之接手后改制为新式学校。博闻强记的钱伟长，文史类课程的学习成绩出类拔萃，但算术学习却似有障碍。1925年，父亲钱挚受聘担任无锡荣氏家族所办公益学校的教务主任，钱伟长随父插班进入该校小学六年级，与荣毅仁成为同学。在公益学校不到一年，学生因北伐罢课，钱伟长随父回到荡口。同年秋，钱伟长考入无锡国学专科学校，在唐文治、钱基博等国学大师的指导下系统研读国文典籍，其深厚的国学根底由此奠定。1927年初，钱挚任教无锡县立中学，钱伟长随父就读县中，可是在县中学习的平静生活也很快被北伐军的炮火打断，溃败后的孙传芳残部劫掠了荡口，钱家又一次遭遇重创。钱挚、钱穆双双失业，赋闲在家一年有余。祖母和母亲希望15岁的钱伟长能找份工作谋生，但父亲和四叔却坚持让他上学。1928年，遵钱穆吩咐，钱伟长报考了苏州高中并凭借优异的国文成绩被录取。不久，钱穆在苏州高中谋得国文教员职位，钱挚也被新成立的苏州乡村师范学校聘为校长，钱家经济危机就此解除，钱伟长顺利进入苏州高中就读。

钱伟长进入苏高中仅一个月，父亲突发急病去世，钱家再度陷入窘境。这时，钱承沛筹建的义庄以基本生活费救济钱家，荡口华家也向钱家伸出援手。钱穆的老师华倩朔腾出黄石弄自家前院免费提供让钱家栖身，钱穆主动承担了长侄钱伟长的学费，由此钱伟长更加发愤读书。他深知自己理科功底差，在数理化等课程上特别下苦功，再加数学老师严晓帆格外耐心细致的指点辅导，钱伟长的数学成绩有了显著提高，为他日后弃文从理、走上科研之路打下了基础。

高中毕业，钱伟长接受时任北大副教授的四叔钱穆的建议，先后参加了中央大学、清华大学、浙江大学等五所学校的入学考试，还插空考了吴蕴初清寒奖学金，结果战绩辉煌，全部考取，全家皆为他高兴。钱伟长再次听从四叔建议，选择了清华大学，走上了一条由文科天才变成物理学家的传奇之旅。

回过头来看，如果没有荡口华氏的帮助，没有在荡口接受的早期教育，也许就没有钱伟长日后的成就。饮水思源，钱伟长一直情系家乡、心系荡口，每隔两三年就要回荡口看看。他说："虽然那不是我出生的地方，却是养我的地

图90 钱伟长旧居

方。”（图90）自70年代末至2010年去世的三十年间，钱伟长先后十四次回到荡口，探亲访友，每次还必定要到果育鸿模小学（今荡口中心小学）看一看、走一走，追怀往昔，追念师恩。对于培育自己成才的果育鸿模小学，他有着特殊的深厚感情。1989年，荡口中心小学新教学楼落成，钱伟长欣然为之题字，以表达对家乡及母校的深厚感念之情。翌年，钱伟长夫妇还专程陪同钱穆夫人胡美琦女士到荡口中心小学访问。

第五章 “八湖福地”风光盛

荡口兴起始于明代，明末清初就已发展成为无锡地区最繁荣、最富庶的乡镇之一，人口近万，以华氏居多。境内河荡众多，风景优美，有“八湖福地”美称，是无锡东部最重要的传统江南古镇、水产养殖基地和休闲度假旅游地。

第一节 古镇新生

2008年10月，锡山区委区政府启动荡口古镇保护性修复工程（图91），历时五年共修缮、复建大量古建筑，恢复了小桥流水人家、深巷青砖黛瓦的江南水乡风貌，布置开放了华氏义庄、华蘅芳生平事迹陈列馆、王莘故居、钱穆旧居、华君武漫画馆等文化艺术景点。核心区内既有小桥流水、驳岸石栏的柔美，又有高门巨阀、鳞次栉比的恢宏，更有着软糯风趣的吴侬方言、醇厚地道

图91　奠基暨开工仪式

的民风民俗。从主入口花笑池水上码头乘坐摇橹小船，两岸高低参差、错落有致的明清古民居尽收眼底。2014年3月，荡口古镇正式开街，同年11月通过了国家4A级旅游景区验收。2015年5月1日，实施景区封闭运营。

荡口古镇自开街以来，凭借鲜明的特色文化，璀璨的历史遗存和优美的水乡环境获得了游客好评、专家认可、业界肯定、领导赞誉。特别是2016年，荡口古镇先后被江苏省旅游局推荐为“十大新线路和新景区”，被中国报业协会推荐为“最受中国报业关注的十大古镇”，挂牌了无锡首个“中国摄影创作基地”，又以高分通过江苏省4A级景区暗访复核检查。2017年3月又获得江苏首家、全国第五个“中国摄影小镇（鹅湖）”的殊荣。

荡口古镇进入全民旅游、大众旅游新阶段的市场机会和潜力非常巨大。30分钟到机场、20分钟到高铁、紧邻高速快速道路的绝佳地理位置，让荡口古镇具备了大规模集散全国游客的有利条件。随着长三角城乡一体化的加速推进，原本养在深闺人未识的荡口古镇，已走向无锡乃至长三角旅游的前台。

围绕“夜泊荡口、品味荡口、文化体验在荡口”三大旅游主题，荡口古镇将整合周边湖泊、田园生态资源，充分利用文化遗存，打造具有江南独特文化和历史特点、以休闲旅游服务为主要功能的历史文化街区。

第二节　古景新颜

荡口古镇内处处是景点，此处选取近年来景区重点打造的8个重点景点介绍如下，以飨读者。

荡口义庄展示馆

依托华氏老义庄建设而成，是江南地区至今保存最为完整、规模最大、存续时间最长的义庄之一，现存房屋四进。中轴线上，自南向北，依次为隔河照壁、码头及场地、八字照墙、门厅、轿厅、正厅（诒谷堂）和后厅。西路由北往南是仓廒、西花园和典当行。内容介绍荡口地区义庄发展历史及义庄文化。

华蘅芳生平事迹陈列馆

依托华蘅芳故居建设而成，位于荡口古镇景区仓河北街新当里，为华蘅芳祖宅，始建于清乾隆年间。20世纪90年代修葺故居后面二进，最近全面修缮前五进，恢复了“惇惠堂”“荔雨轩”和“行素轩”。陈列馆将全面展陈华蘅芳生平事迹、学术成果和历史贡献。同时展陈部分家属生平事迹。

王莘故居

坐落于北仓河杨家弄口的王莘祖宅。王莘（1918—2007），无锡荡口人。人民音乐家、作曲家、《歌唱祖国》的词曲作者。他是中国音协“金钟奖”终身成就奖获得者。2009年修建王莘故居、仿制天津小洋楼和修复老屋2间。馆内分“歌起荡口”“歌声引路”“歌者不息”三个部分，向游客全面展陈王莘生平事迹和展示《歌唱祖国》动人旋律之魅力。

钱穆旧居

钱穆（1894—1990），字宾四，无锡延祥乡七房桥人。我国现代著名历史学家、教育家、国学大师。自幼因求学，其父母以孟母择邻的方式，慕名而来荡口读书。现将他们当年租住王家祖宅（1903—1906）作为旧居，展陈钱穆生平事迹和他在荡口童年生活、学习和成年后在荡口教书工作经历。

华君武漫画馆

华君武（1915—2010），祖籍江苏无锡荡口，出生于杭州。是中国著名漫画家、艺术家、社会活动家。华君武故居位于花厅上华君武祖居内。故居一楼介绍了华君武在上海、延安、东北以及新中国各个时期的经历，展陈了华君武漫画一生的代表作品。二楼设有阅览室，收藏与漫画相关的书籍供游客阅读。二楼的东厢房为工作室，西厢房为起居室。

会通馆

明代藏书家、刻书家、铜活字印刷家华燧（1439—1513）的读书室及印书工场，始建于明弘治年间。会通馆内分“印刷起源”“活字印刷”“现代印刷”“荡口现代印刷”“彩印精品”五个部分，同时展示了华燧生平事迹和印刷成果。

关帝庙

坐落于义盛桥北址。原名义盛庵，由举人华祖勤始建于明万历年间，随后更名为汉寿亭侯庙（即关帝庙）。20世纪80年代毁于火，本次修复建筑面积900m^2，庙内设伽蓝殿和三圣殿。伽蓝殿内供奉关公，关平与周仓为其左右胁侍。三圣殿内供奉的是药师佛、日光和月光菩萨。

亨得利钟表馆

位于荡口古镇核心景区内。馆内陈列着19世纪末、20世纪初制造的各种座钟、机座、闹钟、弦钱钟、挂钟、摆钟、老式手摇唱机、老式收音机、老式电风扇、老式眼镜等展品100多件。

第三节　旅游线路

荡口自古就是区域性“水码头”，注入鹅湖的伯渎河西通京杭大运河；作为清水通道的望虞河穿鹅湖而过，北接长江，南贯太湖；现代交通便捷，距苏南硕放机场12公里，离京沪高速铁路无锡站10公里；沪宁高速公路、锡太一级公路、锡张高速公路道口紧临荡口旅游景区；距太仓港、张家港深水港仅40公里。荡口是苏南地区水乡古镇游不可或缺的重要一环。

鹅湖边上，曾有文人墨客驻足吟咏；荡口老宅，几多工商巨贾苦心经营。闲暇时分，从北仓河下船，小舟荡荡悠悠穿越古镇水弄，再荡荡悠悠进入鹅湖，观水景，忆古人，品湖鲜，采菱角，赏野趣，细细感受旧时情景。无论春日踏青，还是秋夜赏月，抑或是炎炎夏日、绵绵冷冬，荡口都是一个可以放飞心情、舒展心灵的地方。

这里河道纵横，湖荡密布，小桥流水，环境幽雅。历经数年保护开发，荡口古镇历史文化街区按照国家5A级旅游景区精心打造成了一个集旅游、休闲、观光、度假为一体的江南水乡古镇。

一、外地至无锡的交通情况

外地的朋友可以通过下面几种方法先到无锡，再到荡口古镇。

1. 飞机

无锡苏南硕放国际机场，距离市区12公里左右，从机场到市区交通有机场大巴，在机场候机楼一楼到国内到达门北侧，每天约有10~15趟左右，穿行在机场和火车站之间，车程40分钟。

2. 火车

无锡现在有5个火车站，分别是无锡东站、无锡中央车站、无锡火车站、新区火车站、惠山火车站。

（1）火车站南广场，就是原来的老火车站，搭乘国铁普通列车（普铁T字头、K字头等）。

（2）火车站北广场是沪宁城铁专用车站，搭乘沪宁城铁（沪宁G字头、D字头）动车，和对面的无锡新汽车客运站统称中央车站。

（3）无锡东站是京沪高铁经过无锡停靠的站点，是京沪高铁专用车站，搭乘京沪高铁（京沪G字头、D字头）动车，站旁设无锡汽车客运东站。

（4）新区火车站距无锡机场3公里，是沪宁城铁专用车站，搭乘沪宁城铁（沪宁G字头、D字头）动车。

（5）惠山火车站是沪宁城铁专用车站，搭乘沪宁城铁（沪宁G字头、D字头）动车。

3. 汽车

无锡中央汽车站是无锡最大、发车最全的一个汽车站，在无锡中央火车站附近，目前车站运营班线400多条，辐射江、浙、沪、皖、鲁、豫、京、湘、赣、粤、桂、川等20多个省（市）。

无锡火车站面对汽车站，中间一个天桥，在火车站下方便是公交车总站，分为A岛、B岛、C岛，分别开往每个不同的方向，几乎包含了所有的景点，非常方便。

4. 自驾

（1）苏州市：上沪蓉高速，朝无锡、南京方向。

（2）上海市：沪蓉高速朝无锡（南）、南泉、张家港、无锡新区方向，进入硕放枢纽——通锡高速（S19）。

（3）无锡市：从锡太公路、安镇、厚桥、鹅湖出口离开，进入锡太公路——延祥路（通园大道），左转进入蘅芳路（新湖路），沿新湖路行驶610米，到达终点。

（4）杭州市：长深高速——杭州绕城高速——练杭高速——申嘉湖高速——乍嘉苏高速——常台高速——沪蓉高速——在硕放枢纽朝无锡（南）、南泉、张家港、无锡新区方向进入通锡高速（S19）——锡太公路——延祥路（通园大道）——蘅芳路（新湖路）——终点。

（5）南京市：沪蓉高速——在惠山大桥朝上海、G2、G42方向，过无锡枢纽——在硕放枢纽朝张家港、无锡（南）、南泉、S19方向进入通锡高速（S19）——锡太公路——延祥路（通园大道）——蘅芳路（新湖路）——终点。

二、无锡到荡口的交通情况

从无锡到荡口古镇交通便利，在无锡火车站（汽车客运站）,可以坐712路到（鹅湖镇）新桥站，708路到荡口古镇站。京沪高铁无锡东站，有732路到（鹅湖镇）新桥站，还有708路到荡口古镇站。

三、荡口住宿

荡口古镇住宿的客栈区聚集在仓河北街和南街（靠近锡东商贸城的这头），住在古镇内，晚上赏夜景，早上看晨色。

四、荡口美食

古镇内小吃有很多，多数也集中在仓河北街和南街，如：水金豆花、金家烧饼、药膳酥、秦园小笼等，秦园小笼里能吃到地道的无锡风味，所制作的蟹黄小笼包、鲜肉小笼包的人气很高，比较特色的餐馆也集中在这两条街，华府名灶、土菜馆、水乡土菜、雅集轩等各有特色，就餐环境优雅古朴，餐馆中多有荡口最有特色的菜肴——走油肉，可现场吃，也可以带回家分享给亲朋好友。

五、游览线路

古镇大致分成南北两条街，六个景点，入北门，可先游览北街，从西向东一个个景点基本都在北街上，分别有：华蘅芳生平事迹陈列馆、华君武漫画馆、华氏义庄、王莘故居、会通馆、钱穆旧居（亨得利钟表馆），走到最东端再过桥到南街，往西游览，即为一个循环。

参考书目

1. 司马迁：《史记》，北京，中华书局，2016年。
2. 袁康、吴平辑录：《越绝书》，上海，上海古籍出版社，1985年。
3. 赵晔：《吴越春秋》，长沙，岳麓书社，2006年。
4. 史能之纂修：《咸淳重修毗陵志》，载于《无锡文库·第1辑》，南京，凤凰出版社，2011年。
5. 华幼武撰，华仲厚、华叔和、华季平重编：《黄杨集》，苏州，苏州大学出版社，2012年。
6. 华贞固：《虑得集》，复印本，藏于锡山区文物管理委员会办公室。
7. 华察著、杨殿奎参校：《岩居稿》，梁溪东亭金粟岭刻本，清光绪元年（1875年）。
8. 吴熙编辑：《泰伯梅里志》，泰伯庙东院刻本，清光绪23年（1897年）。
9. 金友理纂述：《太湖备考》，东山艺兰圃刻本，清乾隆十五年（1750年）。

10. 吴存礼编：《梅里志》，刻本，清道光四年（1824年）。

11. 裴大中、秦缃业等修纂：《无锡金匮县志》，刻本，清光绪七年（1881年）。

12. 侯鸿鉴编：《锡金乡土地理》，无锡艺文斋活字本，清光绪三十二年（1906年）。

13. 秦瀛：《梁溪竹枝词》，载于《无锡文库•第2辑》，南京，凤凰出版社，2011年。

14. 王仁辅：《无锡县志》，中华书局铅印本，民国十一年（1922年）。

15. 赵永良主编：《无锡名人大辞典》，南京，南京大学出版社，1989年。

16. 谈汗人主编：《无锡县志》，上海，上海社会科学院出版社，1994年。

17. 钱穆：《八十忆双亲•师友杂忆》，北京，三联书店，1998年。

18. 浦学坤、赵永良主编：《无锡掌故大观》，香港，天马图书出版公司，2000年。

19. 宗菊如、周解清主编：《无锡通史》，南京，江苏人民出版社，2003年。

20. 朱洪元、薛慰祖主编，《荡口史话》，南京，凤凰出版社，2008年。

21. 黄宪辉主编：《锡山名人》，南京，凤凰出版社，2009年。

22. 华晓东等编：《华氏宗谱》，永锡堂排印本，2012年。

23. 庄若江、李立主编：《荡口古镇》，南京，江苏文艺出版社，2013年。

24. 曹志鼎：《邦家之光：华绎之先生传纪》，扬州，广陵书社，2013年。

后 记

本书是一本通俗读物、休闲读物，它不同于一般的学术著作。我们力图运用通俗易懂、生动活泼的语言，全面介绍荡口镇的精彩之处，引领读者前往旅游观光。在那里可游、可看、可怀古、可探幽，可选购富有特色的物产，也可领略当地的民俗风情。

此书的编写，得到了江苏省文化厅、江苏省文物局、江苏人民出版社、江苏省文化艺术研究院及无锡市锡山区文物管理委员会办公室的支持和指导；荡口“文保卫士”华金生先生悉心指点，毫无保留地提供资料和图片；书中大部分图片由荡口古镇管理委员会提供；管世俊、马晓平为本书统稿；书中引用了部分已经出版或发表关于当地历史、文化、艺术、科学的专著、志书、文章的相关资料；我们还得到了其他热心宣传精彩江苏、精彩荡口的相关群体和个人的大力支持，在此表示诚挚的谢意。

由于编者水平所限，加之时间较为紧迫，书中难免会出现疏漏和不足，敬请读者批评指正。

编　者

2018年5月